TÄIDIS: VÕILEIVA KÜPSIKARAAMAT

100 maitsvat kihti magusust

Tatiana Pärn

Autoriõigus materjal ©2024

Kõik õigused kaitstud

Ühtegi selle raamatu osa ei tohi mingil kujul ega vahenditega kasutada ega edastada ilma kirjastaja ja autoriõiguste omaniku nõuetekohase kirjaliku nõusolekuta, välja arvatud ülevaates kasutatud lühikesed tsitaadid . Seda raamatut ei tohiks pidada meditsiiniliste, juriidiliste või muude professionaalsete nõuannete asendajaks.

SISUKORD

SISUKORD 3
SISSEJUHATUS 6
ŠOKOLAADI PAARID 7
   1. ŠOKOLAADIKÜPSIS JA VANILJEVÕILEIB 8
   2. CHOC-CHIP JÄÄTISEVÕILEIVAD 10
   3. ŠOKOLAADIKÜPSIS PIPARMÜNDIVÕILEIBADEGA 12
   4. ŠOKOLAADI-SOJAJÄÄTIS 14
   5. TOPELTŠOKOLAADIVÕILEIVAD 16
   6. ŠOKOLAADI-KOOKOSEJÄÄTISE VÕILEIB 18
   7. FUDGE SWIRL SANDWICH 20
   8. KOLMEKORDNE ŠOKOLAADINE VÕILEIB 22
   9. MÜNDIŠOKOLAADIKÜPSISEVÕILEIB 24
   10. MAAPÄHKLIVÕI ŠOKOLAADI KEERISVÕILEIB 26
   11. SARAPUUPÄHKLIŠOKOLAADI VAHVLIVÕILEIB 28
   12. MEHHIKO ŠOKOLAADI-TŠILLI VÕILEIB 30
   13. SOOLAKARAMELLŠOKOLAADI KRINGLIVÕILEIB 32
   14. VAARIKA TUMEDA ŠOKOLAADI MAKARONI VÕILEIB 34
   15. KOOKOSEŠOKOLAADI MANDLI JOY VÕILEIB 36
   16. OREO ŠOKOLAADIKÜPSISED JA KOOREVÕILEIB 38
   17. HERSHEY JÄÄTISEVÕILEIB 40
   18. TOBLERONE JÄÄTISEVÕILEIB 42
   19. CADBURY JÄÄTISEVÕILEIB 44
   20. GODIVA JÄÄTISEVÕILEIB 46
   21. FERRERO ROCHERI JÄÄTISEVÕILEIB 48
   22. GHIRARDELLI JÄÄTISEVÕILEIB 50
PÄHRIPAARID 52
   23. MANDLI VÕILEIVAD 53
   24. INDIA PÄHKLITE PIPARMÜNDI JÄÄTIS 55
   25. INGVERI PÄHKLI JÄÄTIS 57
   26. MAAPÄHKLIŠOKOLAADITÜKKIDEGA JÄÄTISEVÕILEIVAD 59
   27. ALMOND JOY JÄÄTISEVÕILEIVAD 61
   28. JA VAARIKAJÄÄTISEVÕILEIVAD 63
   29. KREEKA PÄHKLI JA KARAMELLI KEERISEGA JÄÄTISEVÕILEIVAD 65
   30. SARAPUUPÄHKLI- JA ESPRESSOJÄÄTISEVÕILEIVAD 67
   31. PISTAATSIA ŠOKOLAADITÜKKIDEGA JÄÄTISEVÕILEIB 69
   32. SARAPUUPÄHKLIPRALINEE JÄÄTISEVÕILEIB 71
   33. PÄHKLI VAHTRAJÄÄTISE VÕILEIB 73
   34. CASHEW CARAMEL CRUNCH ICE CREAM SANDWICH 75
   35. MAKADAAMIAPÄHKLI VALGE ŠOKOLAADI JÄÄTISEVÕILEIB 77
   36. MAAPÄHKLIVÕI MANDLIJÄÄTISE VÕILEIB 79
   37. PEKAANIPÄHKLIPRALINEE JÄÄTISEVÕILEIB 81
   38. BRASIILIA PÄHKLI ŠOKOLAADITÜKKIDEGA JÄÄTISEVÕILEIB 83
   39. SEGAPÄHKLIKARAMELLIJÄÄTISEVÕILEIB 85
PUUVILJAPAARID 87

40. Banaanid šokolaadijäätise võileibade jaoks..88
41. Rabarberi Midwest võileivad..90
42. Hapukas Cherry Swirl kookosejäätis...92
43. Italiano maasikavõileivad..95
44. Maasikajäätise võileivad...97
45. Banaanilõigatud jäätisevõileivad...99
46. - sidrunijäätisevõileivad..101
47. Mango-kookosejäätise võileivad..103
48. Vaarika valge šokolaadi jäätisevõileivad..105
49. Vaarika-juustukoogi jäätisevõileib..107
50. Ananassi kookosejäätise võileib...109
51. Peach Melba jäätisevõileib...111
52. Arbuusi piparmündi jäätise võileib...113
53. Kiwi laimi jäätisevõileib...115
54. Muraka lavendli jäätisevõileib...117
55. Marjajogurti segajäätisevõileib..119

VÜRTSIKAD PAARID 121
56. Vürtspähklijäätis..122
57. Suvikõrvitsa vürtsivõileivad..124
58. Mehhiko šokolaadijäätisega võileivad...126
59. Vürtsikad Mango Habanero jäätisevõileivad...128
60. Chipotle šokolaadijäätis Võileivad...130
61. Jalapeno laimi jäätisevõileivad...132
62. Vürtsikad karamellijäätisega võileivad..134
63. Chocolate Chipotle Ice Cream Sandwich..136
64. Vürtsikas kaneeli Cayenne'i jäätisevõileib...138
65. Vürtsikas šokolaadi-tšillijäätisevõileib...140
66. Maapähklivõi Sriracha jäätisevõileib...142
67. Vürtsikas kookoskarri jäätisevõileib..144
68. Vürtsikas ingveri-kurkumijäätis võileib...146
69. Vürtsikas ananassi Jalapeno jäätisevõileib...148
70. Vürtsikas vaarikatükkidega jäätisevõileib...150
71. Vürtsikas kirsišokolaadijäätisevõileib..152

TEEPÕHISED PAARID... 154
72. Chai pähkli jäätise võileib...155
73. Earl Grey lavendli jäätisevõileivad..157
74. Matcha rohelise tee jäätisega võileivad..159
75. Chai vürtsijäätise võileivad...161
76. Sidruni-ingveri jäätisevõileivad...163
77. Jasmiini rohelise tee jäätisega võileivad...165

KOHVIPÕHISED PAARID 167
78. Coffee Zing võileivad...168
79. Mocha mandlijäätise võileivad...170
80. Karamelli Macchiato jäätisevõileivad...172
81. Sarapuupähkli Affogato jäätisevõileivad..174
82. Espresso Brownie ja kohvijäätise võileib..176

83. Kohvikook ja Mocha Mandli Fudge jäätisevõileib 178
TOOGI PÕHISED PAARID 180
84. Cake Batter Sojajäätise võileib 181
85. Red Velvet juustukoogi jäätisevõileivad 183
86. Šokolaadi-maapähklivõitassi jäätisevõileivad 185
87. Sidruni vaarika nael koogi jäätise võileivad 187
88. Porgandikook toorjuustujäätis võileivad 189
89. Banaanilõigatud jäätisevõileivad 191
90. Šokolaadikook ja küpsised ning koorejäätise võileib 193
91. Vanilje rullbiskviidi ja maasika-juustukoogi jäätisevõileib 195
92. Porgandikoogi ja kaneelijäätise võileib 197
BROWNIE-PÕHISED PAARID 199
93. Soolakaramelli Brownie jäätisevõileivad 200
94. Küpsised ja koorega Brownie jäätisevõileivad 202
95. Raspberry Fudge Brownie jäätisevõileivad 204
96. Mint Brownie ja Chip Ice Cream Sandwich 206
97. Peanut Butter Swirl Brownie Ice Cream Sandwich 208
98. Raspberry Fudge Brownie ja Swirl Ice Cream Sandwich 210
99. S'mores Brownie ja Marshmallow Ice Cream Sandwich 212
100. Red Velvet Brownie ja toorjuustujäätise võileib 214
KOKKUVÕTE 216

SISSEJUHATUS

Tere tulemast raamatusse "Täidisega: võileivaküpsiseraamat – 100 maitsvat kihti magusust". Võileivaküpsised, mille vastupandamatu kombinatsioon kahest küpsisekihist on kreemja täidise vahel, on armastatud maiuspala, mida naudivad igas vanuses inimesed. Selles kokaraamatus kutsume teid avastama täidetud võileivaküpsiste maailma, kasutades 100 maitsvat retsepti, mis rahuldavad teie magusaisu ja rõõmustavad teie maitsemeeli.

Võileivaküpsised on midagi enamat kui lihtsalt magustoit; need on lõuend loovusele ja järeleandlikkusele. Selles kokaraamatus tutvustame täidetud võileivaküpsiste lõputuid võimalusi alates klassikalistest kombinatsioonidest, nagu šokolaad ja vanill, kuni uuenduslike maitsete nagu maapähklivõi ja tarretis, s'mores ja palju muud. Ükskõik, kas küpsetate mõne erilise sündmuse, pühade tähistamise või lihtsalt magusa ihaldamise jaoks, leiate neilt lehtedelt palju inspiratsiooni.

Iga selle kokaraamatu retsept on koostatud hoolikalt ja detailidele tähelepanu pööramisega, tagades iga kord, kui küpsetate, täiuslikud tulemused. Alates õrnadest küpsisekihtidest kuni kreemjate täidisteni – iga suutäis on maitsete ja tekstuuride sümfoonia, mis jätab sulle rohkem isu. Selgete juhiste, kasulike näpunäidete ja vapustava fotograafia abil "Täidisega: võileivaküpsiseraamat" on lihtne luua oma köögis kauneid ja maitsvaid maiustusi.

Niisiis, soojendage ahi, pühkige küpsetusplaadid tolmust puhtaks ja valmistuge nautima 100 kihti magusust, kasutades juhendit "Täidisega: võileivaküpsiseraamat". Olenemata sellest, kas küpsetate endale, oma perele või mõnel erilisel sündmusel, need retseptid avaldavad muljet ja rõõmustavad iga suutäiega.

ŠOKOLAADI PAARID

1.Šokolaadiküpsis ja vaniljevõileib

KOOSTISOSAD:
- ⅓ tassi mittepiimamargariini, toatemperatuuril
- ⅔ tassi aurutatud roosuhkrut
- 2 supilusikatäit mittepiima
- ¼ teelusikatäit pehmet äädikat
- 1 tl vaniljeekstrakti
- ¾ tassi pleegitamata universaaljahu
- ⅓ tassi magustamata küpsetuskakaod, sõelutud
- ½ tl küpsetuspulbrit
- ⅛ teelusikatäis soola

JUHISED:
a) Kuumuta ahi temperatuurini 375 ° F. Vooderda ahjuplaat küpsetuspaberiga.
b) Vahusta keskmises kausis margariin ja suhkur. Sega juurde piim, äädikas ja vanill.
c) Sega väikeses kausis jahu, kakao, küpsetuspulber ja sool. Lisa kuivained märgadele ja sega korralikult läbi.
d) Tõsta ettevalmistatud küpsetusplaadile. Asetage taigna peale vahatatud paberileht ja rullige see umbes ¼ tolli paksuseks ruuduks.
e) Eemaldage vahatatud paber ja küpsetage 10–12 minutit, kuni servad on hangunud ja kergelt pundunud. See tundub pehme ja mitte täielikult küpsetatud, kuid see on nii.
f) Võta ahjust välja ja lase restil ahjuplaadil umbes 15 minutit jahtuda. Lõika küpsised ettevaatlikult soovitud kujuliseks. Võite kasutada klaas- või küpsiselõikurit, et muuta need ümaraks või maksimeerida tainast, lõigates need ühtlase suurusega ruutudeks.
g) Eemaldage küpsised lehelt ja laske neil restil jahtuda.

2.Choc-Chip jäätisevõileivad

KOOSTISOSAD:
- 2 tassi pleegitamata universaalset jahu
- 1 tl söögisoodat
- ¼ teelusikatäit soola
- ½ tassi aurutatud roosuhkrut
- ½ tassi pakitud pruuni suhkrut
- 1 tass mittepiimamargariini, pehmendatud
- 1 tl maisitärklist
- 2 supilusikatäit mittepiima
- 1 tl vaniljeekstrakti
- ¾ tassi poolmagusaid šokolaaditükke

JUHISED:
a) Kuumuta ahi temperatuurini 350 °F. Vooderda kaks ahjuplaati küpsetuspaberiga.
b) Sõelu suures kausis kokku jahu, sooda ja sool. Vahusta teises suures kausis roosuhkur, pruun suhkur ja margariin.
c) Lahusta maisitärklis piimas ja lisa koos vanilliga suhkrusegule. Lisage kuivad koostisosad partiidena märgadele ja segage, kuni need on segunenud, seejärel segage šokolaaditükid.
d) Kasutades küpsisetilgutit või supilusikatäit, tilgutage kuhjaga tainast valmistatud küpsetusplaatidele umbes 2 tolli kaugusel.
e) Küpseta 8–10 minutit või kuni servad on kergelt kuldsed.
f) Tõsta ahjust välja ja lase pannil 5 minutit jahtuda, seejärel tõsta restile.
g) Lase küpsistel täielikult jahtuda. Hoida õhukindlas anumas

3.Šokolaadiküpsis piparmündivõileibadega

KOOSTISOSAD:
- ⅔ tassi mittepiimamargariini, pehmendatud
- 1 tass aurutatud roosuhkrut
- 1 tl vaniljeekstrakti
- 1¼ tassi pleegitamata universaalset jahu
- ½ tassi magustamata küpsetuskakaod, sõelutud
- ½ tl küpsetuspulbrit
- ⅛ teelusikatäis soola

JUHISED:
a) Kuumuta ahi temperatuurini 375 ° F. Vooderda kaks ahjuplaati küpsetuspaberiga.
b) Vahusta suures kausis margariin, suhkur ja vanill. Sega väikeses kausis jahu, kakao, küpsetuspulber ja sool.
c) Lisa kuivained märgadele ja sega korralikult läbi.
d) Tõsta kuhjaga supilusikatäit tainast ettevalmistatud küpsetusplaatidele umbes 2 tolli kaugusel.
e) Küpseta 10–12 minutit või seni, kuni küpsised on laiali valgunud ja servad tahenenud.
f) Tõsta ahjust välja ja lase pannil 5 minutit jahtuda, seejärel tõsta restile.
g) Lase küpsistel täielikult jahtuda. Hoida õhukindlas anumas

4.Šokolaadi-sojajäätis

KOOSTISOSAD:
- ¾ tassi aurutatud roosuhkrut
- ⅓ tassi magustamata küpsetuskakaod, sõelutud
- 1 spl tapiokitärklist
- 2½ tassi soja- või kanepipiima (täisrasvane)
- 2 tl kookosõli
- 2 tl vaniljeekstrakti

JUHISED:
a) Segage suures kastrulis suhkur, kakao ja tapiokitärklis ning vahustage, kuni kakao ja tärklis on suhkruga segunenud. Vala juurde piim, vahustades.
b) Kuumuta segu keskmisel kuumusel sageli vispeldades keemiseni.
c) Kui segu jõuab keemiseni, alandage kuumust keskmiselt madalale ja vahustage pidevalt, kuni segu pakseneb ja katab lusika tagaosa, umbes 5 minutit.
d) Tõsta tulelt, lisa kookosõli ja vanill ning vahusta ühtlaseks.
e) Tõsta segu kuumakindlasse kaussi ja lase täielikult jahtuda.
f) Valage segu 1½- või 2-liitrise jäätisemasina kaussi ja töödelge vastavalt tootja juhistele.
g) Hoia õhukindlas anumas sügavkülmas vähemalt 2 tundi enne võileibade kokkupanemist.

VÕILEIBADE VALMISTAMISEKS
h) Lase jäätisel veidi pehmeneda, et seda oleks kerge kühveldada. Aseta pooled küpsistest, põhjaga ülespoole, puhtale pinnale. Tõsta iga küpsise peale üks suur lusikas jäätist, umbes ⅓ tassi. Kata jäätisele ülejäänud küpsised, nii et küpsisepõhjad puudutaksid jäätist.
i) Vajutage küpsiseid õrnalt alla, et need tasandada.
j) Mähi iga võileib kilesse või vahatatud paberisse ja pane enne serveerimist vähemalt 30 minutiks sügavkülma.

5.Topeltšokolaadivõileivad

KOOSTISOSAD:
- 1 tass pleegitamata universaalset jahu
- ½ tassi magustamata küpsetuskakaod, sõelutud
- ½ tl söögisoodat
- ¼ teelusikatäit soola
- ¼ tassi piimast valmistatud šokolaaditükke, sulatatud
- ½ tassi mittepiimamargariini, pehmendatud
- 1 tass aurutatud roosuhkrut
- 1 tl vaniljeekstrakti

JUHISED:
a) Kuumuta ahi temperatuurini 325 ° F. Vooderda kaks ahjuplaati küpsetuspaberiga.
b) Sega keskmises kausis jahu, kakaopulber, söögisooda ja sool.
c) Vahusta suures kausis elektrilise käsimikseri abil sulatatud šokolaaditükid, margariin, suhkur ja vanill, kuni need on hästi segunenud.
d) Lisage kuivad koostisosad märjale partiidena, kuni need on täielikult segunenud.
e) Lõika ettevalmistatud küpsetusplaatidele umbes 2-tollise vahega väikesed taignapallid, umbes suure marmori suurused (umbes 2 teelusikatäit).
f) Määrige kergelt supilusikatäie tagakülge ning suruge õrnalt ja ühtlaselt iga küpsise peale, kuni see on tasandatud ja on umbes 1,5 tolli lai. Küpseta 12 minutit või kuni servad on küpsenud. Kui küpsetad mõlemat plaati korraga, keera plaadid poole peal ringi.
g) Pärast ahjust võtmist lase küpsistel pannil 5 minutit jahtuda, seejärel tõsta restile. Lase küpsistel täielikult jahtuda. Hoida õhukindlas anumas

6.Šokolaadi-kookosejäätise võileib

KOOSTISOSAD:
- ¾ tassi aurutatud roosuhkrut
- ⅓ tassi magustamata küpsetuskakaod, sõelutud
- 1 (13,5 untsi) purk täisrasvast kookospiima (mitte kerge)
- 1 tass piimavaba piima
- 1 tl vaniljeekstrakti

JUHISED:
a) Sega suures potis suhkur ja kakao ning vahusta, kuni kakao on suhkruga segunenud. Valage kookospiim ja muu piimavaba piim, vahustage. Kuumuta segu keskmisel kuumusel sageli vispeldades keemiseni.

b) Kui see jõuab keemiseni, alandage kuumust keskmiselt madalale ja vahustage pidevalt, kuni suhkur on lahustunud, umbes 5 minutit. Tõsta tulelt ja lisa vanill, vahustades ühtlaseks.

c) Tõsta segu kuumakindlasse kaussi ja lase täielikult jahtuda.

d) Valage segu 1½ või 2-liitrise jäätisemasina kaussi ja töödelge vastavalt tootja juhistele. Hoia õhukindlas anumas sügavkülmas vähemalt 2 tundi enne võileibade kokkupanemist.

VÕILEIBADE VALMISTAMISEKS

e) Lase jäätisel veidi pehmeneda, et seda oleks kerge kühveldada. Aseta pooled küpsistest, põhjaga ülespoole, puhtale pinnale. Tõsta iga küpsise peale üks suur lusikas jäätist, umbes ⅓ tassi. Kata jäätisele ülejäänud küpsised, nii et küpsisepõhjad puudutaksid jäätist.

f) Vajutage küpsiseid õrnalt alla, et need tasandada. Mähi iga võileib kilesse või vahatatud paberisse ja pane enne serveerimist vähemalt 30 minutiks tagasi sügavkülma.

7. Fudge Swirl Sandwich

KOOSTISOSAD:
- ¼ tassi poolmagusaid šokolaaditükke
- 1 supilusikatäis mittepiima
- 2 spl mittepiimamargariini

JUHISED:
a) Kuumutage mikrolaineahjus kasutatavas kausis šokolaaditükid ja piim 15-sekundiliste sammudega, segades iga kord.
b) Kui šokolaad on sulanud , vahustage korralikult, et see seguneks piimaga.
c) Lisa margariin ja sega korralikult läbi.
d) Lase jahtuda toatemperatuurini.

8.Kolmekordne šokolaadine võileib

KOOSTISOSAD:

1 tass soolata võid
2 tassi granuleeritud suhkrut
4 suurt muna
1 tl vaniljeekstrakti
1 tass universaalset jahu
1/2 tassi magustamata kakaopulbrit
1/4 teelusikatäit soola
2 tassi šokolaadijäätist
1/2 tassi šokolaaditükke

JUHISED:

Kuumuta ahi temperatuurini 350 °F (175 °C) ja määri 9x13-tolline küpsetusvorm rasvaga.
Sulata mikrolaineahjus kasutatavas kausis või. Lisa suhkur, munad ja vaniljeekstrakt ning vahusta ühtlaseks massiks.
Vahusta eraldi kausis jahu, kakaopulber ja sool. Lisage kuivained järk-järgult märgadele koostisosadele, segades, kuni need on lihtsalt segunenud.
Sega hulka šokolaaditükid. Vala tainas ettevalmistatud ahjuvormi ja aja ühtlaselt laiali.
Küpseta 25-30 minutit või kuni keskele torgatud hambaork tuleb koos mõne niiske puruga välja.
Lase browniedel täielikult jahtuda. Lõika ruutudeks.
Võtke kulbitäis šokolaadijäätist ja asetage see ühe brownie ruudu alumisele küljele. Tõsta peale teine brownie ruut ja suru õrnalt kokku.
Korrake sama ülejäänud brownie ruutude ja jäätisega. Enne serveerimist külmutada vähemalt 1 tund.

9. Mündišokolaadiküpsisevõileib

KOOSTISOSAD:
1 3/4 tassi universaalset jahu
1/2 tassi magustamata kakaopulbrit
1/2 tl söögisoodat
1/4 teelusikatäit soola
1/2 tassi soolamata võid, pehmendatud
1 tass granuleeritud suhkrut
1 suur muna
1 tl vaniljeekstrakti
1/2 tl piparmündi ekstrakti
Roheline toiduvärv (valikuline)
2 tassi piparmündi šokolaaditükkidega jäätist

JUHISED:
Kuumuta ahi temperatuurini 350 °F (175 °C) ja vooderda küpsetusplaat küpsetuspaberiga.
Sega keskmises kausis jahu, kakaopulber, söögisooda ja sool.
Vahusta või ja granuleeritud suhkur suures kausis heledaks ja kohevaks vahuks. Lisage muna, vaniljeekstrakt, piparmündiekstrakt ja roheline toiduvärv (kui kasutate) ning segage, kuni see on hästi segunenud.
Lisage kuivained järk-järgult märgadele koostisosadele, segades, kuni need on lihtsalt segunenud.
Tõsta ümmargused supilusikatäit tainast ettevalmistatud küpsetusplaadile ja tasandage lusikaseljaga veidi.
Küpseta 10-12 minutit või kuni servad on küpsenud. Lase küpsistel täielikult jahtuda.
Kui see on jahtunud, kühveldage ühe küpsise alumisele küljele väike kogus piparmündi šokolaaditükkidega jäätist. Aseta peale teine küpsis ja suru õrnalt kokku.
Korrake ülejäänud küpsiste ja jäätisega. Enne serveerimist külmutada vähemalt 1 tund.

10. Maapähklivõi šokolaadi keerisvõileib

KOOSTISOSAD:
1/2 tassi soolamata võid, pehmendatud
1/2 tassi kreemjat maapähklivõid
1/2 tassi granuleeritud suhkrut
1/2 tassi pakitud pruuni suhkrut
1 suur muna
1 tl vaniljeekstrakti
1 1/4 tassi universaalset jahu
1/2 tassi magustamata kakaopulbrit
1/2 tl söögisoodat
1/4 teelusikatäit soola
2 tassi šokolaadijäätist

JUHISED:
Kuumuta ahi temperatuurini 350 °F (175 °C) ja vooderda küpsetusplaat küpsetuspaberiga.
Vahusta või, maapähklivõi, granuleeritud suhkur ja pruun suhkur suures kausis heledaks ja kohevaks. Lisa muna ja vaniljeekstrakt ning sega ühtlaseks.
Vahusta eraldi kausis jahu, kakaopulber, sooda ja sool. Lisage kuivained järk-järgult märgadele koostisosadele, segades, kuni need on lihtsalt segunenud.
Tõsta ümmargused supilusikatäit tainast ettevalmistatud küpsetusplaadile ja tasandage lusikaseljaga veidi.
Küpseta 10-12 minutit või kuni servad on küpsenud. Lase küpsistel täielikult jahtuda.
Kui see on jahtunud, valage ühe küpsise alumisele küljele väike kogus šokolaadijäätist. Aseta peale teine küpsis ja suru õrnalt kokku.
Korrake ülejäänud küpsiste ja jäätisega. Enne serveerimist külmutada vähemalt 1 tund.

11. Sarapuupähklišokolaadi vahvlivõileib

KOOSTISOSAD:
2 tassi universaalset jahu
1/2 tassi magustamata kakaopulbrit
1/4 tassi granuleeritud suhkrut
2 tl küpsetuspulbrit
1/2 teelusikatäit soola
2 tassi piima
2 suurt muna
1/4 tassi soolata võid, sulatatud
1 tl vaniljeekstrakti
2 tassi sarapuupähkli šokolaadijäätist

JUHISED:
Kuumuta vahvlirauda vastavalt tootja juhistele.
Vahusta suures kausis jahu, kakaopulber, granuleeritud suhkur, küpsetuspulber ja sool.
Vahusta eraldi kausis piim, munad, sulatatud või ja vaniljeekstrakt.
Lisage märjad koostisosad järk-järgult kuivadele koostisosadele, vahustage, kuni need on lihtsalt segunenud.
Vala tainas eelkuumutatud vahvliraudale ja küpseta vastavalt tootja juhistele krõbedaks ja läbiküpseks.
Laske vahvlitel veidi jahtuda, seejärel lõigake need ruutudeks või ristkülikuteks.
Võtke kulbitäis sarapuupähkli šokolaadijäätist ja asetage see ühe vahvlitüki alumisele küljele. Tõsta peale teine vahvlitükk ja suru õrnalt kokku.
Korrake sama ülejäänud vahvlitükkide ja jäätisega. Enne serveerimist külmutada vähemalt 1 tund.

12. Mehhiko šokolaadi-tšilli võileib

KOOSTISOSAD:
1 3/4 tassi universaalset jahu
1/2 tassi magustamata kakaopulbrit
1 tl jahvatatud kaneeli
1/2 tl jahvatatud tšillipulbrit
1/2 tl söögisoodat
1/4 teelusikatäit soola
1/2 tassi soolamata võid, pehmendatud
1 tass granuleeritud suhkrut
1 suur muna
1 tl vaniljeekstrakti
2 tassi Mehhiko šokolaadijäätist

JUHISED:
Kuumuta ahi temperatuurini 350 °F (175 °C) ja vooderda küpsetusplaat küpsetuspaberiga.
Sega keskmises kausis jahu, kakaopulber, jahvatatud kaneel, jahvatatud tšillipulber, söögisooda ja sool.
Vahusta või ja granuleeritud suhkur suures kausis heledaks ja kohevaks vahuks. Lisa muna ja vaniljeekstrakt ning sega ühtlaseks.
Lisage kuivained järk-järgult märgadele koostisosadele, segades, kuni need on lihtsalt segunenud.
Tõsta ümmargused supilusikatäit tainast ettevalmistatud küpsetusplaadile ja tasandage lusikaseljaga veidi.
Küpseta 10-12 minutit või kuni servad on küpsenud. Lase küpsistel täielikult jahtuda.
Kui see on jahtunud, valage ühe küpsise põhjale väike kogus Mehhiko šokolaadijäätist. Aseta peale teine küpsis ja suru õrnalt kokku.
Korrake ülejäänud küpsiste ja jäätisega. Enne serveerimist külmutada vähemalt 1 tund.

13. Soolakaramellšokolaadi kringlivõileib

KOOSTISOSAD:
1 1/2 tassi universaalset jahu
1/2 tassi magustamata kakaopulbrit
1/2 tl söögisoodat
1/4 teelusikatäit soola
1/2 tassi soolamata võid, pehmendatud
1/2 tassi granuleeritud suhkrut
1/2 tassi pakitud pruuni suhkrut
1 suur muna
1 tl vaniljeekstrakti
1/2 tassi hakitud kringlit
1/2 tassi soolakaramelli jäätist
Kringlid, kaunistuseks (valikuline)

JUHISED:
Kuumuta ahi temperatuurini 350 °F (175 °C) ja vooderda küpsetusplaat küpsetuspaberiga.
Sega keskmises kausis jahu, kakaopulber, söögisooda ja sool.
Vahusta või, granuleeritud suhkur ja pruun suhkur suures kausis heledaks ja kohevaks. Lisa muna ja vaniljeekstrakt ning sega ühtlaseks.
Lisage kuivained järk-järgult märgadele koostisosadele, segades, kuni need on lihtsalt segunenud.
Sega juurde tükeldatud kringlid. Tõsta ümmargused supilusikatäit tainast ettevalmistatud küpsetusplaadile ja tasandage lusikaseljaga veidi.
Küpseta 10-12 minutit või kuni servad on küpsenud. Lase küpsistel täielikult jahtuda.
Kui see on jahtunud, vala ühe küpsise põhjale väike kogus soolakaramellijäätist. Aseta peale teine küpsis ja suru õrnalt kokku.
Soovi korral: rulli jäätisevõileiva servad kaunistuseks purustatud kringlis.
Enne serveerimist külmutada vähemalt 1 tund.

14. Vaarika tumeda šokolaadi makaroni võileib

KOOSTISOSAD:
1 1/4 tassi tuhksuhkrut
3/4 tassi mandlijahu
2 spl magustamata kakaopulbrit
2 suurt munavalget
1/4 tassi granuleeritud suhkrut
1/4 teelusikatäit soola
1/2 tassi vaarikasorbetti
1/2 tassi tumedat šokolaadi, sulatatud

JUHISED:
Kuumuta ahi temperatuurini 300 °F (150 °C) ja vooderda küpsetusplaat küpsetuspaberiga.
Sõelu keskmises kausis kokku tuhksuhkur, mandlijahu ja kakaopulber.
Vahusta munavalged eraldi kausis keskmisel kiirusel vahuks. Lisage järk-järgult granuleeritud suhkur ja sool ning jätkake vahustamist, kuni moodustuvad jäigad tipud.
Sega kuivained ettevaatlikult munavalgesegu hulka, kuni need on täielikult segunenud, olge ettevaatlik, et mitte üle segada.
Tõsta tainas ümara otsaga torukotti . Toru väikesed ringid ettevalmistatud küpsetusplaadile.
Õhumullide vabastamiseks koputage küpsetusplaati paar korda vastu letti. Lase makroonidel 30 minutit toatemperatuuril seista, et moodustuks nahk.
Küpseta 15-18 minutit või kuni makroonid on katsudes kõvad. Laske neil täielikult jahtuda.
Kui see on jahtunud, määri ühe makaronikoore lamedale küljele väike kogus vaarikasorbetti. Tõsta peale teine makaronikoor ja suru õrnalt kokku.
Kasta makaronivõileiva ääred sulatatud tumedasse šokolaadi. Enne serveerimist külmutada vähemalt 1 tund.

15. Kookosešokolaadi mandli Joy võileib

KOOSTISOSAD:
1 1/2 tassi magustatud hakitud kookospähklit
1/2 tassi magustatud kondenspiima
1/2 tl vaniljeekstrakti
1/4 tl mandli ekstrakti
1/2 tassi hakitud mandleid
2 tassi šokolaadi-kookosejäätist

JUHISED:
Sega keskmises kausis hakitud kookospähkel, magustatud kondenspiim, vaniljeekstrakt, mandliekstrakt ja hakitud mandlid. Segage, kuni see on hästi segunenud.
Vooderda ahjuplaat küpsetuspaberiga. Võtke umbes 2 spl kookosesegu ja vormige see ettevalmistatud ahjuplaadil ristkülikuks. Korrake, et teha rohkem ristkülikuid.
Asetage küpsetusplaat 1 tunniks sügavkülma, et kookosesegu tahkuks.
Kui kookossegu on tahke, võtke kulbitäis šokolaadi-kookosjäätist ja asetage see ühe kookospähkli ristküliku peale. Tõsta peale teine kookosest ristkülik ja suru õrnalt kokku.
Korrake sama ülejäänud kookospalmi ristkülikute ja jäätisega. Enne serveerimist külmutada vähemalt 1 tund.

16. Oreo šokolaadiküpsised ja koorevõileib

KOOSTISOSAD:
2 tassi universaalset jahu
1/2 tassi magustamata kakaopulbrit
1 tl küpsetuspulbrit
1/2 teelusikatäit soola
1/2 tassi soolamata võid, pehmendatud
1 tass granuleeritud suhkrut
2 suurt muna
1 tl vaniljeekstrakti
2 tassi küpsiseid ja koorejäätist
Purustatud Oreo küpsised, kaunistuseks

JUHISED:
Kuumuta ahi temperatuurini 350 °F (175 °C) ja vooderda küpsetusplaat küpsetuspaberiga.
Sega keskmises kausis jahu, kakaopulber, küpsetuspulber ja sool.
Vahusta või ja granuleeritud suhkur suures kausis heledaks ja kohevaks vahuks. Lisa munad ja vaniljeekstrakt ning sega ühtlaseks seguks.
Lisage kuivained järk-järgult märgadele koostisosadele, segades, kuni need on lihtsalt segunenud.
Tõsta ümmargused supilusikatäit tainast ettevalmistatud küpsetusplaadile ja tasandage lusikaseljaga veidi.
Küpseta 10-12 minutit või kuni servad on küpsenud. Lase küpsistel täielikult jahtuda.
Kui see on jahtunud, tõsta ühe küpsise põhjale väike kogus küpsiseid ja koorejäätist. Aseta peale teine küpsis ja suru õrnalt kokku.
Veereta jäätisevõileiva servad kaunistuseks purustatud Oreo küpsistes.
Enne serveerimist külmutada vähemalt 1 tund.

17. Hershey jäätisevõileib

KOOSTISOSAD:
1 pakk Hershey šokolaaditahvleid
12 šokolaadi vahvliküpsist
2 tassi vaniljejäätist

JUHISED:
Murdke Hershey šokolaaditahvlid üksikuteks tükkideks.
Aseta 6 šokolaadi vahvliküpsist tagurpidi ahjuplaadile.
Aseta iga küpsise peale tükk Hershey šokolaadi.
Võtke kulbitäis vaniljejäätist ja asetage see šokolaadi peale.
Aseta peale teine šokolaadivahvliküpsis, et teha võileib.
Korrake ülejäänud küpsiste, šokolaadi ja jäätisega.
Pane jäätisevõileivad enne serveerimist vähemalt 2 tunniks sügavkülma.

18. Toblerone jäätisevõileib

KOOSTISOSAD:
1 Toblerone šokolaaditahvel
12 šokolaadiküpsist
2 tassi šokolaadijäätist

JUHISED:
Murdke Toblerone'i šokolaaditahvel väikesteks kolmnurkseteks tükkideks.
Aseta 6 šokolaadiküpsist tagurpidi ahjuplaadile.
iga küpsise peale tükike Toblerone'i šokolaadi.
Võtke kulbitäis šokolaadijäätist ja asetage see šokolaadi peale.
Aseta peale teine šokolaadiküpsis, et teha võileib.
Korrake ülejäänud küpsiste, šokolaadi ja jäätisega.
Pane jäätisevõileivad enne serveerimist vähemalt 2 tunniks sügavkülma.

19. Cadbury jäätisevõileib

KOOSTISOSAD:
1 Cadbury Dairy Milk šokolaaditahvel
12 purukooki
2 tassi karamellijäätist

JUHISED:
Murdke Cadbury Dairy Milki šokolaaditahvel üksikuteks tükkideks.
Aseta 6 muretaignaküpsist tagurpidi ahjuplaadile.
Aseta iga küpsise peale tükk Cadbury šokolaadi.
Võtke kulbikas karamellijäätist ja asetage see šokolaadi peale.
Võileiva tegemiseks aseta peale veel üks murekook.
Korrake ülejäänud küpsiste, šokolaadi ja jäätisega.
Pane jäätisevõileivad enne serveerimist vähemalt 2 tunniks sügavkülma.

20. Godiva jäätisevõileib

KOOSTISOSAD:
1 karp Godiva šokolaaditrühvlid
12 šokolaadi graham kreekerit
2 tassi kohvijäätist

JUHISED:
Eemalda Godiva šokolaaditrühvlitelt ümbrised.
Asetage 6 šokolaadi Graham kreekerit tagurpidi küpsetusplaadile.
Asetage iga kreekeri peale Godiva trühvel.
Võtke kulbitäis kohvijäätist ja asetage see trühvli peale.
Võileiva valmistamiseks asetage peale veel üks šokolaadi-graham kreeker.
Korrake ülejäänud kreekerite, trühvlite ja jäätisega.
Pane jäätisevõileivad enne serveerimist vähemalt 2 tunniks sügavkülma.

21. Ferrero Rocheri jäätisevõileib

KOOSTISOSAD:
1 pakk Ferrero Rocheri šokolaadi
12 šokolaadiküpsist
2 tassi sarapuupähklijäätist

JUHISED:
Rocheri šokolaadidelt ümbrised.
Aseta 6 šokolaadiküpsist tagurpidi ahjuplaadile.
Asetage Ferrero Rocheri šokolaad iga küpsise peale.
Võtke kulbitäis sarapuupähklijäätist ja asetage see šokolaadi peale.
Aseta peale teine šokolaadiküpsis võileiva tegemiseks.
Korrake ülejäänud küpsiste, šokolaadide ja jäätisega.
Pane jäätisevõileivad enne serveerimist vähemalt 2 tunniks sügavkülma.

22. Ghirardelli jäätisevõileib

KOOSTISOSAD:
1 Ghirardelli šokolaaditahvel
12 šokolaadiga kastetud purukooki
2 tassi piparmündi šokolaaditükkidega jäätist

JUHISED:
Murdke Ghirardelli šokolaaditahvel üksikuteks ruutudeks.
Aseta ahjuplaadile tagurpidi 6 šokolaadiga kastetud liivaküpsist.
Aseta iga küpsise peale ruut Ghirardelli šokolaadi.
Võtke kulbitäis piparmündišokolaadijäätist ja asetage see šokolaadi peale.
Aseta võileiva tegemiseks teine šokolaadiga kastetud liivaküpsis.
Korrake ülejäänud küpsiste, šokolaadi ja jäätisega.
Pane jäätisevõileivad enne serveerimist vähemalt 2 tunniks sügavkülma.

PÄHRIPAARID

23.Mandli võileivad

KOOSTISOSAD:
- 1 tass mittepiimamargariini, pehmendatud
- ¾ tassi aurutatud roosuhkrut, jagatud
- ½ tl mandli ekstrakti
- 1 tl vaniljeekstrakti
- 2 tassi pleegitamata universaalset jahu
- ⅓ tassi jahvatatud mandleid

JUHISED:
a) Vahusta suures kausis margariin, ½ tassi suhkrut ning mandli- ja vaniljeekstraktid ühtlaseks seguks. Sega väikeses kausis jahu ja jahvatatud mandlid.
b) Lisa jahusegu osade kaupa margariinisegule ja sega, kuni tainas on pehme ja ühtlane.
c) Jagage tainas pooleks ja vormige mõlemad pooled ristkülikukujuliseks palgiks, mis on umbes 5 tolli pikk, 3 tolli lai ja 2 tolli kõrge. Puista ülejäänud ¼ tassi suhkrut puhtale pinnale ja veereta iga palk selles, et katta väljastpoolt.
d) Mähi iga palk kilesse ja pane vähemalt 2 tunniks külmkappi.
e) Kuumuta ahi temperatuurini 375 ° F. Vooderda kaks küpsiselehte küpsetuspaberiga.
f) Eemaldage palgid külmkapist ja veeretage iga palgi katmiseks ülejäänud suhkrus. Lõika palgid terava noaga ¼ tolli paksusteks viiludeks, vajutades lõikamise ajal palgi külgi, et säilitada selle kuju.
g) Asetage viilutatud küpsised ettevalmistatud küpsetusplaatidele 1 tolli kaugusel.
h) Küpseta 8–10 minutit või kuni servad on kergelt pruunistunud. Kui küpsetate mõlemat plaati korraga, keerake need poole peal.
i) Võta ahjust välja ja lase küpsistel pannil 5 minutit jahtuda, seejärel tõsta restile. Lase küpsistel täielikult jahtuda.
j) Hoida õhukindlas anumas.

24.India pähklite piparmündi jäätis

KOOSTISOSAD:
- 2 tassi soja- või kanepipiima (täisrasvane)
- ¾ tassi aurutatud roosuhkrut
- 1½ tl piparmündi ekstrakti
- 1 tl vaniljeekstrakti
- 1½ tassi tooreid india pähkleid
- 3 kuni 4 tilka rohelist toiduvärvi (valikuline)
- 1/16 tl guarkummi
- ⅓ tassi poolmagusaid šokolaadilaaste (kasuta šokolaaditahvlil köögiviljakoorijat)

JUHISED:
a) Sega suures kastrulis piim ja suhkur. Kuumuta segu keskmisel kuumusel sageli vispeldades keemiseni.
b) Kui see jõuab keemiseni, alandage kuumust keskmiselt madalale ja vahustage pidevalt, kuni suhkur on lahustunud , umbes 5 minutit.
c) Eemaldage tulelt ja lisage piparmündi- ja vanilliekstraktid, vahustage.
d) Aseta india pähklid kuumakindla kausi põhja ja kalla peale kuum piimasegu. Lase täielikult jahtuda. Kui segu on jahtunud, viige see köögikombaini või kiirblenderisse ja töödelge ühtlaseks massiks, peatades, et vajadusel külgedelt maha kraapida.
e) Kui kasutate, lisage toiduvärv. Töötlemise lõpus piserdage guarkummi ja veenduge, et see oleks hästi segunenud.
f) Valage segu 1½- või 2-liitrise jäätisemasina kaussi ja töödelge vastavalt tootja juhistele. Kui jäätis on valmis, sega ettevaatlikult hulka šokolaadilaastud.
g) Hoia õhukindlas anumas sügavkülmas vähemalt 2 tundi enne võileibade kokkupanemist.

VÕILEIBADE VALMISTAMISEKS
h) Lase jäätisel veidi pehmeneda, et seda oleks kerge kühveldada. Aseta pooled küpsistest, põhjaga ülespoole, puhtale pinnale. Tõsta iga küpsise peale üks suur lusikas jäätist, umbes ⅓ tassi.
i) Kata jäätisele ülejäänud küpsised, nii et küpsisepõhjad puudutaksid jäätist. Vajutage küpsiseid õrnalt alla, et need tasandada.
j) Mähi iga võileib kilesse või vahapaberisse ja pane enne söömist vähemalt 30 minutiks tagasi sügavkülma.

25.Ingveri pähkli jäätis

KOOSTISOSAD:
- 2 tassi piimavaba piima (kõrgema rasvasisaldusega, nagu soja või kanep)
- ¾ tassi aurutatud roosuhkrut
- 1 tl jahvatatud ingverit
- 1 tl vaniljeekstrakti
- 1½ tassi tooreid india pähkleid
- 1/16 tl guarkummi
- ⅓ tassi peeneks hakitud suhkrustatud ingverit

JUHISED:
a) Vahusta suures kastrulis piim ja suhkur. Kuumuta segu keskmisel kuumusel sageli vispeldades keemiseni.
b) Kui see jõuab keemiseni, alandage kuumust keskmiselt madalale ja vahustage pidevalt, kuni suhkur on lahustunud, umbes 5 minutit. Tõsta tulelt, lisa ingver ja vanill ning vahusta ühtlaseks.
c) Aseta india pähklid kuumakindla kausi põhja ja kalla peale kuum piimasegu. Lase täielikult jahtuda. Kui segu on jahtunud, viige see köögikombaini või kiirblenderisse ja töödelge ühtlaseks massiks, peatades, et vajadusel külgedelt maha kraapida.
d) Töötlemise lõpus piserdage guarkummi ja veenduge, et see oleks hästi segunenud.
e) Valage segu 1½- või 2-liitrise jäätisemasina kaussi ja töödelge vastavalt tootja juhistele.
f) Kui jäätis on valmis, sega ettevaatlikult hulka suhkrustatud ingver. Hoia õhukindlas anumas sügavkülmas vähemalt 2 tundi enne võileibade kokkupanemist.

VÕILEIBADE VALMISTAMISEKS
g) Lase jäätisel veidi pehmeneda, et seda oleks kerge kühveldada. Aseta pooled küpsistest, põhjaga ülespoole, puhtale pinnale. Tõsta iga küpsise peale üks suur lusikas jäätist, umbes ⅓ tassi.
h) Kata jäätisele ülejäänud küpsised, nii et küpsisepõhjad puudutaksid jäätist.
i) Vajutage küpsiseid õrnalt alla, et need tasandada.
j) Mähi iga võileib kile või vahapaberiga ja pane enne serveerimist vähemalt 30 minutiks tagasi sügavkülma.

26.Maapähklišokolaaditükkidega jäätisevõileivad

KOOSTISOSAD:
- 1 tass kreemjat maapähklivõid
- ½ tassi granuleeritud suhkrut
- ½ tassi pakitud pruuni suhkrut
- 1 suur muna
- 1 tl vaniljeekstrakti
- 1 ¼ tassi universaalset jahu
- ½ tl küpsetuspulbrit
- ¼ teelusikatäit soola
- ½ tassi šokolaaditükke
- 1-poolne šokolaadijäätis
- Hakitud maapähklid rullimiseks

JUHISED:
a) Kuumuta ahi temperatuurini 350 °F (175 °C) ja vooderda küpsetusplaat küpsetuspaberiga.
b) Vahusta maapähklivõi, granuleeritud suhkur ja pruun suhkur segamisnõus ühtlaseks massiks. Lisa muna ja vaniljeekstrakt ning sega korralikult läbi.
c) Vahusta eraldi kausis jahu, küpsetuspulber ja sool. Lisa järk-järgult kuivained maapähklivõisegule ja sega ühtlaseks. Sega hulka šokolaaditükid.
d) Veereta tainas 1-tollisteks pallideks ja aseta need ettevalmistatud küpsetusplaadile. Tasandage iga pall kahvliga, et tekiks ristikujuline muster.
e) Küpseta 10-12 minutit või kuni küpsised on kergelt kuldsed. Laske neil täielikult jahtuda.
f) Võtke kulbitäis šokolaadijäätist ja asetage see kahe küpsise vahele. Veereta servad hakitud maapähklites, et lisada krõmpsu.
g) Asetage jäätisevõileivad enne serveerimist vähemalt 1 tunniks sügavkülma tahenema.

27.Almond Joy jäätisevõileivad

KOOSTISOSAD:
- 1 ½ tassi universaalset jahu
- ½ tl söögisoodat
- ¼ teelusikatäit soola
- ½ tassi soolamata võid, pehmendatud
- ½ tassi granuleeritud suhkrut
- ½ tassi pakitud pruuni suhkrut
- 1 suur muna
- 1 tl vaniljeekstrakti
- ½ tassi hakitud kookospähklit
- ½ tassi hakitud mandleid
- 1-pint kookose- või mandlijäätist
- Niristamiseks šokolaadi ganache või sulašokolaad

JUHISED:
a) Kuumuta ahi temperatuurini 375 °F (190 °C) ja vooderda küpsetusplaat küpsetuspaberiga.
b) Vahusta kausis jahu, sooda ja sool.
c) Vahusta eraldi segamisnõus pehme või, granuleeritud suhkur ja pruun suhkur heledaks ja kohevaks vahuks. Lisa muna ja vaniljeekstrakt ning sega ühtlaseks seguks.
d) Lisa vähehaaval võisegule kuivained ja sega ühtlaseks massiks. Sega hulka hakitud kookospähkel ja hakitud mandlid.
e) Tõsta ümarad supilusikatäied tainast ettevalmistatud küpsetusplaadile, asetades need üksteisest umbes 2 tolli kaugusele. Tasandage iga taignapall peopesaga veidi.
f) Küpseta 10-12 minutit või kuni servad on kuldpruunid. Lase küpsistel täielikult jahtuda.
g) Võtke kulbitäis kookose- või mandlijäätist ja asetage see kahe küpsise vahele. Nirista peale šokolaadi ganache või sulašokolaad.
h) Asetage jäätisevõileivad enne serveerimist vähemalt 1 tunniks sügavkülma tahenema.

28. ja vaarikajäätisevõileivad

KOOSTISOSAD:
- 1 ½ tassi universaalset jahu
- ½ tl söögisoodat
- ¼ teelusikatäit soola
- ½ tassi soolamata võid, pehmendatud
- ½ tassi granuleeritud suhkrut
- ½ tassi pakitud pruuni suhkrut
- 1 suur muna
- 1 tl vaniljeekstrakti
- ½ tassi kooritud pistaatsiapähklid, tükeldatud
- 1-pint pistaatsiajäätis
- Kaunistuseks värsked vaarikad

JUHISED:
a) Kuumuta ahi temperatuurini 375 °F (190 °C) ja vooderda küpsetusplaat küpsetuspaberiga.
b) Vahusta kausis jahu, sooda ja sool.
c) Vahusta eraldi segamisnõus pehme või, granuleeritud suhkur ja pruun suhkur heledaks ja kohevaks vahuks. Lisa muna ja vaniljeekstrakt ning sega ühtlaseks seguks.
d) Lisa vähehaaval võisegule kuivained ja sega ühtlaseks massiks. Sega juurde tükeldatud pistaatsiapähklid.
e) Tõsta ümarad supilusikatäied tainast ettevalmistatud küpsetusplaadile, asetades need üksteisest umbes 2 tolli kaugusele. Tasandage iga taignapall peopesaga veidi.
f) Küpseta 10-12 minutit või kuni servad on kuldpruunid. Lase küpsistel täielikult jahtuda.
g) Võtke kulbitäis pistaatsiajäätist ja asetage see kahe küpsise vahele. Suru jäätise äärtele paar värsket vaarikat.
h) Asetage jäätisevõileivad enne serveerimist vähemalt 1 tunniks sügavkülma tahenema.

29.Kreeka pähkli ja karamelli keerisega jäätisevõileivad

KOOSTISOSAD:
- 1 ½ tassi universaalset jahu
- ½ tl söögisoodat
- ¼ teelusikatäit soola
- ½ tassi soolamata võid, pehmendatud
- ½ tassi granuleeritud suhkrut
- ½ tassi pakitud pruuni suhkrut
- 1 suur muna
- 1 tl vaniljeekstrakti
- ½ tassi hakitud kreeka pähkleid
- 1-poolne karamelli keerisjäätis
- Niristamiseks karamellkaste

JUHISED:
a) Kuumuta ahi temperatuurini 375 °F (190 °C) ja vooderda küpsetusplaat küpsetuspaberiga.
b) Vahusta kausis jahu, sooda ja sool.
c) Vahusta eraldi segamisnõus pehme või, granuleeritud suhkur ja pruun suhkur heledaks ja kohevaks vahuks. Lisa muna ja vaniljeekstrakt ning sega ühtlaseks seguks.
d) Lisa vähehaaval võisegule kuivained ja sega ühtlaseks massiks. Sega juurde hakitud kreeka pähklid.
e) Tõsta ümarad supilusikatäied tainast ettevalmistatud küpsetusplaadile, asetades need üksteisest umbes 2 tolli kaugusele. Tasandage iga taignapall peopesaga veidi.
f) Küpseta 10-12 minutit või kuni servad on kuldpruunid. Lase küpsistel täielikult jahtuda.
g) Võtke kulbitäis karamelli keerisjäätist ja asetage see kahe küpsise vahele. Nirista üle karamellkastmega.
h) Asetage jäätisevõileivad enne serveerimist vähemalt 1 tunniks sügavkülma tahenema.

30.Sarapuupähkli- ja espressojäätisevõileivad

KOOSTISOSAD:
- 1 ½ tassi universaalset jahu
- ½ tl söögisoodat
- ¼ teelusikatäit soola
- ½ tassi soolamata võid, pehmendatud
- ½ tassi granuleeritud suhkrut
- ½ tassi pakitud pruuni suhkrut
- 1 suur muna
- 1 tl vaniljeekstrakti
- ½ tassi hakitud sarapuupähkleid
- 1-pint espressot või kohvimaitselist jäätist
- Kaunistuseks purustatud šokolaadiga kaetud espressooad

JUHISED:
a) Kuumuta ahi temperatuurini 375 °F (190 °C) ja vooderda küpsetusplaat küpsetuspaberiga.
b) Vahusta kausis jahu, sooda ja sool.
c) Vahusta eraldi segamisnõus pehme või, granuleeritud suhkur ja pruun suhkur heledaks ja kohevaks vahuks. Lisa muna ja vaniljeekstrakt ning sega ühtlaseks seguks.
d) Lisa vähehaaval võisegule kuivained ja sega ühtlaseks massiks. Sega juurde hakitud sarapuupähklid.
e) Tõsta ümarad supilusikatäied tainast ettevalmistatud küpsetusplaadile, asetades need üksteisest umbes 2 tolli kaugusele. Tasandage iga taignapall peopesaga veidi.
f) Küpseta 10-12 minutit või kuni servad on kuldpruunid. Lase küpsistel täielikult jahtuda.
g) Võtke kulbitäis espressot või kohvimaitselist jäätist ja asetage see kahe küpsise vahele. Suru jäätise äärtele mõned purustatud šokolaadiga kaetud espressooad.
h) Asetage jäätisevõileivad enne serveerimist vähemalt 1 tunniks sügavkülma tahenema.

31. Pistaatsia šokolaaditükkidega jäätisevõileib

KOOSTISOSAD:
12 šokolaadiküpsist
2 tassi pistaatsiajäätist
1/2 tassi hakitud tumedat šokolaadi

JUHISED:
Võtke 6 šokolaadiküpsist ja asetage need tagurpidi küpsetusplaadile.
Tõsta igale küpsisele pistaatsiajäätist.
Puista jäätisele hakitud tumedat šokolaadi.
Aseta iga jäätiselussi peale veel üks šokolaadiküpsis ja vajuta õrnalt, et tekiks võileib.
Pane jäätisevõileivad enne serveerimist vähemalt 2 tunniks sügavkülma.

32. Sarapuupähklipralinee jäätisevõileib

KOOSTISOSAD:
12 purukooki
2 tassi sarapuupähklijäätist
1/2 tassi purustatud pralinee pähkleid

JUHISED:
Võtke 6 liivaküpsist ja asetage need tagurpidi küpsetusplaadile.
Tõsta igale küpsisele sarapuupähklijäätist.
Puista jäätisele purustatud pralinee pähkleid.
Aseta iga jäätiselussi peale veel üks muretaignaküpsis ja vajuta õrnalt võileiva saamiseks.
Pane jäätisevõileivad enne serveerimist vähemalt 2 tunniks sügavkülma.

33. Pähkli vahtrajäätise võileib

KOOSTISOSAD:
12 kaerahelbeküpsist
2 tassi vahtra pähkli jäätist
1/4 tassi hakitud kreeka pähkleid

JUHISED:
Võtke 6 kaerahelbeküpsist ja asetage need tagurpidi küpsetusplaadile.
Tõsta igale küpsisele vahtra-pähkli jäätist.
Puista jäätisele hakitud kreeka pähkleid.
Aseta iga jäätiselussi peale veel üks kaerahelbeküpsis ja vajuta õrnalt, et tekiks võileib.
Pane jäätisevõileivad enne serveerimist vähemalt 2 tunniks sügavkülma.

34. Cashew Caramel Crunch Ice Cream Sandwich

KOOSTISOSAD:
12 karamellist küpsist
2 tassi india pähkli karamellijäätist
1/4 tassi karamellkastet
1/4 tassi purustatud india pähkleid

JUHISED:
Võtke 6 karamellist küpsist ja asetage need tagurpidi küpsetusplaadile.
Tõsta iga küpsise peale india pähkli karamellijäätist.
Nirista jäätisele karamellkastet.
Puista jäätisele purustatud india pähkleid.
Aseta iga jäätiselussi peale veel üks karamelliküpsis ja vajuta õrnalt võileiva saamiseks.
Pane jäätisevõileivad enne serveerimist vähemalt 2 tunniks sügavkülma.

35. Makadaamiapähkli valge šokolaadi jäätisevõileib

KOOSTISOSAD:
12 valge šokolaadi makadaamiapähkli küpsist
2 tassi valge šokolaadi makadaamiapähkli jäätist
1/4 tassi valge šokolaadi laastud

JUHISED:
Võtke 6 valge šokolaadi makadaamiapähkli küpsist ja asetage need tagurpidi küpsetusplaadile.
Tõsta igale küpsisele valge šokolaadi makadaamiapähklijäätist.
Puista jäätisele valge šokolaadi laastud.
Asetage iga jäätiselussi peale veel üks valge šokolaadi makadaamiapähkli küpsis ja vajutage õrnalt võileiva saamiseks.
Pane jäätisevõileivad enne serveerimist vähemalt 2 tunniks sügavkülma.

36. Maapähklivõi mandlijäätise võileib

KOOSTISOSAD:
12 maapähklivõi küpsist
2 tassi šokolaadi mandlijäätist
1/4 tassi purustatud mandleid
1/4 tassi šokolaadikastet

JUHISED:
Võtke 6 maapähklivõiküpsist ja asetage need tagurpidi küpsetusplaadile.
Tõsta igale küpsisele šokolaadi-mandlijäätist.
Puista jäätisele purustatud mandleid.
Nirista jäätisele šokolaadikastet.
Aseta iga jäätiselussi peale veel üks maapähklivõiküpsis ja vajuta õrnalt, et tekiks võileib.
Pane jäätisevõileivad enne serveerimist vähemalt 2 tunniks sügavkülma.

37. Pekaanipähklipralinee jäätisevõileib

KOOSTISOSAD:
12 šokolaadi-sarapuupähkli küpsist
2 tassi pekanipähkli pralinee jäätist
1/4 tassi purustatud pekanipähklit

JUHISED:
Võtke 6 šokolaadi-sarapuupähkliküpsist ja asetage need tagurpidi küpsetusplaadile.
Tõsta igale küpsisele pekanipähklipralinee jäätist.
Puista jäätisele purustatud pekanipähklid.
Aseta iga jäätiselussi peale veel üks šokolaadi-sarapuupähkliküpsis ja vajuta õrnalt võileiva saamiseks.
Pane jäätisevõileivad enne serveerimist vähemalt 2 tunniks sügavkülma.

38. Brasiilia pähkli šokolaaditükkidega jäätisevõileib

KOOSTISOSAD:
12 topelt šokolaadiküpsist
2 tassi šokolaaditükkidega jäätist
1/4 tassi hakitud Brasiilia pähkleid

JUHISED:
Võtke 6 topelt šokolaadiküpsist ja asetage need tagurpidi küpsetusplaadile.
Tõsta igale küpsisele šokolaaditükk jäätist.
Puista jäätisele hakitud Brasiilia pähkleid.
Asetage iga jäätiselussi peale veel üks topeltšokolaadiküpsis ja vajutage õrnalt võileiva saamiseks.
Pane jäätisevõileivad enne serveerimist vähemalt 2 tunniks sügavkülma.

39.Segapähklikaramellijäätisevõileib

KOOSTISOSAD:
12 kaerahelbe-rosinaküpsist
2 tassi segatud pähklikaramellijäätist
1/4 tassi segatud hakitud pähkleid
1/4 tassi karamellkastet

JUHISED:
Võtke 6 kaerahelbe-rosinaküpsist ja asetage need tagurpidi küpsetusplaadile.
Tõsta igale küpsisele segatud pähklikaramellijäätist.
Nirista jäätisele karamellkastet.
Puista jäätisele segatud hakitud pähkleid.
Aseta iga jäätiselussi peale teine kaerahelbe-rosinaküpsis ja vajuta õrnalt, et tekiks võileib.
Pane jäätisevõileivad enne serveerimist vähemalt 2 tunniks sügavkülma.

PUUVILJAPAARID

40.Banaanid šokolaadijäätise võileibade jaoks

KOOSTISOSAD:
- 1¾ tassi pleegitamata universaalset jahu
- 1 tl küpsetuspulbrit
- ¼ teelusikatäit soola
- ⅔ tassi aurutatud roosuhkrut
- ¼ tassi mittepiimamargariini, pehmendatud
- 1 suur jämedalt purustatud küps banaan (umbes ½ tassi püreestatud)
- 1 tl vaniljeekstrakti

JUHISED:
a) Kuumuta ahi temperatuurini 350 °F. Vooderda kaks ahjuplaati küpsetuspaberiga.
b) Sega keskmises kausis jahu, küpsetuspulber ja sool. Vahusta suures kausis suhkur ja margariin.
c) Lisage banaan ja vanill ning segage, kuni see on hästi segunenud.
d) Lisa partiidena kuivained märgadele ja sega ühtlaseks massiks.
e) Kasutades küpsisetilgutit või supilusikatäit, tilgutage ettevalmistatud küpsetusplaatidele supilusikasuurused taignakulbid umbes 1-tollise vahega.
f) Küpseta 9–12 minutit, kuni küpsised on laiali valgunud ja servad on kleepunud ja kergelt kuldsed.
g) Võta ahjust välja ja lase küpsistel pannil 5 minutit jahtuda, seejärel tõsta restile. Lase küpsistel täielikult jahtuda.
h) Hoida õhukindlas anumas

41.Rabarberi Midwest võileivad

KOOSTISOSAD:
- 1¾ tassi pleegitamata universaalset jahu
- 1 tl küpsetuspulbrit
- ¼ teelusikatäit soola
- ¾ tassi aurutatud roosuhkrut
- ½ tassi mittepiimamargariini, pehmendatud
- 1 tl vaniljeekstrakti
- 1 tass hakitud värsket või külmutatud (sulatatud) rabarberit (punased osad, mitte rohelised)

JUHISED:
a) Kuumuta ahi temperatuurini 350 °F. Vooderda kaks ahjuplaati küpsetuspaberiga.
b) Sega keskmises kausis jahu, küpsetuspulber ja sool. Vahusta suures kausis suhkur ja margariin. Lisage vanill ja segage, kuni see on hästi segunenud.
c) Kombineeri partiide kaupa kuivained märgadega ja sega ühtlaseks massiks. Murra rabarber õrnalt sisse.
d) Tilgutage küpsisetilguti või supilusikatäie abil supilusikatäit tainast ja asetage need ettevalmistatud küpsetusplaatidele umbes 1-tollise vahega.
e) Küpseta 9–12 minutit, kuni küpsised on laiali valgunud ja servad on kleepunud ja kergelt kuldsed.
f) Võta ahjust välja ja lase küpsistel pannil 5 minutit jahtuda, seejärel tõsta restile. Lase küpsistel täielikult jahtuda.
g) Hoida õhukindlas anumas

42.Hapukas Cherry Swirl kookosejäätis

KOOSTISOSAD:
- ¾ tassi pluss 2 supilusikatäit aurutatud roosuhkrut
- 1 (13,5 untsi) purk täisrasvast kookospiima (mitte kerge)
- 1 tass piimavaba piima
- 1 tl vaniljeekstrakti
- ⅓ tassi kuivatatud hapukirsse, jämedalt hakitud
- ¼ tassi vett
- ½ tl noolejuur- või tapiokitärklist
- ½ tl värsket sidrunimahla

JUHISED:

a) Segage suures kastrulis ¾ tassi suhkrut kookospiima ja muu piimavaba piimaga, vahustades. Kuumuta segu keskmisel kuumusel sageli vispeldades keemiseni.

b) Kui see jõuab keemiseni, alandage kuumust keskmiselt madalale ja vahustage pidevalt, kuni suhkur on lahustunud, umbes 5 minutit. Tõsta tulelt ja lisa vanill, vahustades ühtlaseks.

c) Tõsta segu kuumakindlasse kaussi ja lase täielikult jahtuda.

d) Kuni jäätisepõhi jahtub, sega väikeses kastrulis kuivatatud kirsid ja vesi. Keeda keskmisel kuumusel, kuni kirsid on pehmenenud ja segu hakkab mullitama.

e) Segage väikeses kausis ülejäänud 2 supilusikatäit suhkrut ja tärklis. Puista segu kirsside hulka ja alanda kuumust podisema.

f) Jätkake küpsetamist, kuni segu pakseneb, umbes 3 minutit, seejärel vispeldage sidrunimahlaga. Tõsta kuumuskindlasse kaussi, et see täielikult jahtuda.

g) Vala jäätisepõhjasegu 1½- või 2-liitrise jäätisemasina kaussi ja töötle vastavalt tootja juhistele. Kui jäätis on valmis, kühveldage üks kolmandik sügavkülmakindlasse anumasse, seejärel lisage pool jahtunud kirsisegust.

h) Lisa veel kolmandik jäätisest ja tõsta peale ülejäänud kirsisegu.

i) Valage peale viimane kolmandik jäätist, seejärel tõmmake võinuga segust 2 või 3 korda läbi, et seda keerutada. Hoia õhukindlas anumas sügavkülmas vähemalt 2 tundi enne võileibade kokkupanemist.

VÕILEIBADE VALMISTAMISEKS

j) Lase jäätisel veidi pehmeneda, et seda oleks kerge kühveldada. Aseta pooled küpsistest, põhjaga ülespoole, puhtale pinnale. Tõsta iga küpsise peale üks suur lusikas jäätist, umbes ⅓ tassi.

k) Kata jäätisele ülejäänud küpsised, nii et küpsisepõhjad puudutaksid jäätist.

l) Vajutage küpsiseid õrnalt alla, et need tasandada.

m) Mähi iga võileib kilesse või vahapaberisse ja pane enne söömist vähemalt 30 minutiks tagasi sügavkülma.

43.Italiano maasikavõileivad

KOOSTISOSAD:
- 1-pint maasikajäätist
- 1 tass värskeid maasikaid, tükeldatud
- 8 Itaalia Ladyfinger küpsist
- Vahukoor (valikuline, serveerimiseks)
- Värsked piparmündilehed (kaunistuseks)

JUHISED:
a) Võta pint maasikajäätist sügavkülmast välja ja lase paar minutit pehmeneda, kuni sellega on lihtne töödelda.
b) Püreesta kausis kuubikuteks lõigatud värsked maasikad kahvliga, kuni need vabastavad mahla.
c) Lisa püreestatud maasikad pehmeks muutunud jäätisele ja sega korralikult, kuni need on ühtlaselt jaotunud.
d) Vooderda ahjuvorm või pann küpsetuspaberi või kilega.
e) Võtke neli Itaalia Ladyfinger küpsist ja asetage need tassi kõrvuti, moodustades ristkülikukujulise kuju.
f) Laota maasikajäätisesegu ühtlaselt tassis olevatele näppudele.
g) Aseta ülejäänud neli Ladyfinger küpsist jäätise peale, moodustades võileiva.
h) Kata roog kilega ja pane sügavkülma vähemalt 4 tunniks või kuni jäätis on tahenenud.
i) Kui jäätis on täielikult külmunud, eemaldage roog sügavkülmast ja laske sellel mõni minut toatemperatuuril seista, et see veidi pehmeneks.
j) Lõika jäätisevõileib terava noa abil üksikuteks portsjoniteks.
k) Serveeri Strawberry Italiano jäätisevõileibu taldrikutel või kaussides.
l) Soovi korral lisage igale võileivale vahukoort ja kaunistage värskete piparmündilehtedega.
m) Nautige omatehtud Strawberry Italiano jäätisevõileibu!

44. Maasikajäätise võileivad

KOOSTISOSAD:
- 1 ½ tassi universaalset jahu
- ½ tl küpsetuspulbrit
- ¼ teelusikatäit soola
- ½ tassi soolamata võid, pehmendatud
- ¾ tassi granuleeritud suhkrut
- 1 suur muna
- 1 tl vaniljeekstrakti
- 1 tass kuubikuteks lõigatud maasikaid
- 1-liitrine maasikajäätis

JUHISED:
a) Kuumuta ahi temperatuurini 350 °F (175 °C) ja vooderda küpsetusplaat küpsetuspaberiga.
b) Vahusta kausis jahu, küpsetuspulber ja sool.
c) Vahusta eraldi segamisnõus pehme või ja granuleeritud suhkur heledaks ja kohevaks vahuks. Lisa muna ja vaniljeekstrakt ning sega ühtlaseks seguks.
d) Lisa vähehaaval võisegule kuivained ja sega ühtlaseks massiks. Murra sisse kuubikuteks lõigatud maasikad.
e) Tõsta ümarad supilusikatäied tainast ettevalmistatud küpsetusplaadile, asetades need üksteisest umbes 2 tolli kaugusele. Tasandage iga taignapall peopesaga veidi.
f) Küpseta 10-12 minutit või kuni servad on kuldpruunid. Lase küpsistel täielikult jahtuda.
g) Võtke kulbitäis maasikajäätist ja asetage see kahe küpsise vahele.
h) Asetage jäätisevõileivad enne serveerimist vähemalt 1 tunniks sügavkülma tahenema.

45.Banaanilõigatud jäätisevõileivad

KOOSTISOSAD:
- 1 ½ tassi universaalset jahu
- ½ tl söögisoodat
- ¼ teelusikatäit soola
- ½ tassi soolamata võid, pehmendatud
- ½ tassi granuleeritud suhkrut
- ½ tassi pakitud pruuni suhkrut
- 1 suur muna
- 1 tl vaniljeekstrakti
- ½ tassi püreestatud küpseid banaane
- ½ tassi šokolaaditükke
- 1-pint vanillijäätist
- Kaunistuseks viilutatud maasikad ja tükeldatud ananass
- Niristamiseks šokolaadisiirup ja vahukoor

JUHISED:
a) Kuumuta ahi temperatuurini 375 °F (190 °C) ja vooderda küpsetusplaat küpsetuspaberiga.
b) Vahusta kausis jahu, sooda ja sool.
c) Vahusta eraldi segamisnõus pehme või, granuleeritud suhkur ja pruun suhkur heledaks ja kohevaks vahuks. Lisa muna ja vaniljeekstrakt ning sega ühtlaseks seguks.
d) Lisa vähehaaval võisegule kuivained ja sega ühtlaseks massiks. Sega hulka püreestatud banaanid ja šokolaaditükid.
e) Tõsta ümarad supilusikatäied tainast ettevalmistatud küpsetusplaadile, asetades need üksteisest umbes 2 tolli kaugusele. Tasandage iga taignapall peopesaga veidi.
f) Küpseta 10-12 minutit või kuni servad on kuldpruunid. Lase küpsistel täielikult jahtuda.
g) Võtke kulbitäis vaniljejäätist ja asetage see kahe küpsise vahele. Suru jäätise äärtele viilutatud maasikad ja tükeldatud ananass.
h) Nirista peale šokolaadisiirup ja kõige peale vahukoor.
i) Asetage jäätisevõileivad enne serveerimist vähemalt 1 tunniks sügavkülma tahenema.

46.- sidrunijäätisevõileivad

KOOSTISOSAD:
- 1 ½ tassi universaalset jahu
- ½ tl söögisoodat
- ¼ teelusikatäit soola
- ½ tassi soolamata võid, pehmendatud
- ½ tassi granuleeritud suhkrut
- ½ tassi pakitud pruuni suhkrut
- 1 suur muna
- 1 tl vaniljeekstrakti
- 1 sidruni koor
- 1 tass värskeid mustikaid
- 1-pint sidruni- või mustikajäätist

JUHISED:
a) Kuumuta ahi temperatuurini 375 °F (190 °C) ja vooderda küpsetusplaat küpsetuspaberiga.
b) Vahusta kausis jahu, sooda ja sool.
c) Vahusta eraldi segamisnõus pehme või, granuleeritud suhkur ja pruun suhkur heledaks ja kohevaks vahuks. Lisa muna, vaniljeekstrakt ja sidrunikoor ning sega, kuni segu on hästi segunenud.
d) Lisa vähehaaval võisegule kuivained ja sega ühtlaseks massiks. Sega õrnalt sisse värsked mustikad.
e) Tõsta ümarad supilusikatäied tainast ettevalmistatud küpsetusplaadile, asetades need üksteisest umbes 2 tolli kaugusele. Tasandage iga taignapall peopesaga veidi.
f) Küpseta 10-12 minutit või kuni servad on kuldpruunid. Lase küpsistel täielikult jahtuda.
g) Võtke lusikatäis sidruni- või mustikajäätist ja asetage see kahe küpsise vahele.
h) Asetage jäätisevõileivad enne serveerimist vähemalt 1 tunniks sügavkülma tahenema.

47. Mango-kookosejäätise võileivad

KOOSTISOSAD:
- 1 ½ tassi universaalset jahu
- ½ tl söögisoodat
- ¼ teelusikatäit soola
- ½ tassi soolamata võid, pehmendatud
- ½ tassi granuleeritud suhkrut
- ½ tassi pakitud pruuni suhkrut
- 1 suur muna
- 1 tl vaniljeekstrakti
- ½ tassi kuubikuteks lõigatud küpset mangot
- ¼ tassi hakitud kookospähklit
- 1-pint mango- või kookosjäätist

JUHISED:
a) Kuumuta ahi temperatuurini 375 °F (190 °C) ja vooderda küpsetusplaat küpsetuspaberiga.
b) Vahusta kausis jahu, sooda ja sool.
c) Vahusta eraldi segamisnõus pehme või, granuleeritud suhkur ja pruun suhkur heledaks ja kohevaks vahuks. Lisa muna ja vaniljeekstrakt ning sega ühtlaseks seguks.
d) Lisa vähehaaval võisegule kuivained ja sega ühtlaseks massiks. Sega hulka kuubikuteks lõigatud mango ja riivitud kookospähkel.
e) Tõsta ümarad supilusikatäied tainast ettevalmistatud küpsetusplaadile, asetades need üksteisest umbes 2 tolli kaugusele. Tasandage iga taignapall peopesaga veidi.
f) Küpseta 10-12 minutit või kuni servad on kuldpruunid. Lase küpsistel täielikult jahtuda.
g) Võtke kulbitäis mango- või kookosjäätist ja asetage see kahe küpsise vahele.
h) Asetage jäätisevõileivad enne serveerimist vähemalt 1 tunniks sügavkülma tahenema.

48.Vaarika valge šokolaadi jäätisevõileivad

KOOSTISOSAD:
- 1 ½ tassi universaalset jahu
- ½ tl söögisoodat
- ¼ teelusikatäit soola
- ½ tassi soolamata võid, pehmendatud
- ½ tassi granuleeritud suhkrut
- ½ tassi pakitud pruuni suhkrut
- 1 suur muna
- 1 tl vaniljeekstrakti
- ½ tassi värskeid vaarikaid
- ½ tassi valge šokolaadi laastud
- 1-pinti vaarika- või valge šokolaadi jäätist

JUHISED:
a) Kuumuta ahi temperatuurini 375 °F (190 °C) ja vooderda küpsetusplaat küpsetuspaberiga.
b) Vahusta kausis jahu, sooda ja sool.
c) Vahusta eraldi segamisnõus pehme või, granuleeritud suhkur ja pruun suhkur heledaks ja kohevaks vahuks. Lisa muna ja vaniljeekstrakt ning sega ühtlaseks seguks.
d) Lisa vähehaaval võisegule kuivained ja sega ühtlaseks massiks. Sega juurde värsked vaarikad ja valge šokolaadi laastud.
e) Tõsta ümarad supilusikatäied tainast ettevalmistatud küpsetusplaadile, asetades need üksteisest umbes 2 tolli kaugusele. Tasandage iga taignapall peopesaga veidi.
f) Küpseta 10-12 minutit või kuni servad on kuldpruunid. Lase küpsistel täielikult jahtuda.
g) Võtke kulbitäis vaarika- või valge šokolaadi jäätist ja asetage see kahe küpsise vahele.
h) Asetage jäätisevõileivad enne serveerimist vähemalt 1 tunniks sügavkülma tahenema.

49. Vaarika-juustukoogi jäätisevõileib

KOOSTISOSAD:
12 graham kreekerit
2 tassi vaarika-juustukoogi jäätist
1 tass värskeid vaarikaid

JUHISED:
Võtke 6 graham kreekerit ja asetage need tagurpidi küpsetusplaadile.
Tõsta igale kreekerile vaarika-juustukoogi jäätist.
Puista jäätise peale värskeid vaarikaid.
Asetage iga jäätiselussi peale veel üks grahami kreeker ja vajutage õrnalt võileiva saamiseks.
Pane jäätisevõileivad enne serveerimist vähemalt 2 tunniks sügavkülma.

50. Ananassi kookosejäätise võileib

KOOSTISOSAD:
12 vanilje vahvlit
2 tassi ananassi kookosjäätist
1 tass värsket ananassi, tükeldatud

JUHISED:
Võtke 6 vanilje vahvlit ja asetage need tagurpidi küpsetusplaadile.
Tõsta igale vahvlile ananassi-kookosejäätist.
Puista jäätise peale tükeldatud värske ananass.
Aseta iga jäätiselussi peale veel üks vanilje vahvel ja vajuta õrnalt, et tekiks võileib.
Pane jäätisevõileivad enne serveerimist vähemalt 2 tunniks sügavkülma.

51.Peach Melba jäätisevõileib

KOOSTISOSAD:

12 purukooki
2 tassi virsikujäätist
1 tass värskeid vaarikaid
1 tass värskeid virsikuid, viilutatud

JUHISED:

Võtke 6 liivaküpsist ja asetage need tagurpidi küpsetusplaadile.
Vala igale küpsisele virsikujäätist.
Kata jäätisele värskete vaarikate ja viilutatud virsikutega.
Aseta iga jäätiselussi peale veel üks muretaignaküpsis ja vajuta õrnalt võileiva saamiseks.
Pane jäätisevõileivad enne serveerimist vähemalt 2 tunniks sügavkülma.

52. Arbuusi piparmündi jäätise võileib

KOOSTISOSAD:
12 suhkruküpsist
2 tassi arbuusisorbetti
Värsked piparmündilehed

JUHISED:
Võtke 6 suhkruküpsist ja asetage need tagurpidi küpsetusplaadile.
Tõsta igale küpsisele arbuusisorbett.
Aseta sorbeti peale värske mündileht.
Aseta iga jäätiselussi peale veel üks suhkruküpsis ja vajuta õrnalt võileiva moodustamiseks.
Pane jäätisevõileivad enne serveerimist vähemalt 2 tunniks sügavkülma.

53. Kiwi laimi jäätisevõileib

KOOSTISOSAD:
12 piparküpsist
2 tassi kiivi-laimijäätist
2 kiivit, kooritud ja viilutatud

JUHISED:
Võtke 6 piparküpsist ja asetage need tagurpidi küpsetusplaadile.
Tõsta igale küpsisele kiivi-laimijäätist.
Aseta jäätise peale paar viilu kiivi.
Asetage iga jäätiselussi peale veel üks piparküpsis ja vajutage õrnalt võileiva saamiseks.
Pane jäätisevõileivad enne serveerimist vähemalt 2 tunniks sügavkülma.

54. Muraka lavendli jäätisevõileib

KOOSTISOSAD:
12 kaerahelbeküpsist
2 tassi muraka-lavendlijäätist
Värsked murakad

JUHISED:
Võtke 6 kaerahelbeküpsist ja asetage need tagurpidi küpsetusplaadile.
Tõsta igale küpsisele muraka-lavendlijäätist.
Lisa jäätise peale värsked murakad.
Aseta iga jäätiselussi peale veel üks kaerahelbeküpsis ja vajuta õrnalt, et tekiks võileib.
Pane jäätisevõileivad enne serveerimist vähemalt 2 tunniks sügavkülma.

55. Marjajogurti segajäätisevõileib

KOOSTISOSAD:
12 šokolaadi graham kreekerit
2 tassi segatud marjajogurtijäätist
Segatud värsked marjad (nagu maasikad, mustikad ja vaarikad)

JUHISED:
Võtke 6 šokolaadi-graham kreekerit ja asetage need tagurpidi küpsetusplaadile.
Tõsta igale kreekerile segatud marjajogurtijäätist.
Lisa jäätise peale erinevaid värskeid marju.
Asetage iga jäätiselusika peale veel üks šokolaadi-graham kreeker ja vajutage õrnalt võileiva saamiseks.
Pane jäätisevõileivad enne serveerimist vähemalt 2 tunniks sügavkülma.

Vürtsikad PAARID

56.Vürtspähklijäätis

KOOSTISOSAD:
- 2 tassi soja- või kanepipiima
- ¾ tassi aurutatud roosuhkrut
- 1 tl jahvatatud kaneeli
- ½ tl jahvatatud ingverit
- ⅛ tl jahvatatud piment
- 1 tl vaniljeekstrakti
- 1½ tassi tooreid india pähkleid
- 1/16 tl guarkummi

JUHISED:

a) Sega suures kastrulis piim ja suhkur. Kuumuta segu keskmisel kuumusel sageli vispeldades keemiseni. Kui see jõuab keemiseni, alandage kuumust keskmiselt madalale ja vahustage pidevalt, kuni suhkur on lahustunud, umbes 5 minutit.

b) Eemaldage tulelt ja lisage kaneel, ingver, piment ja vanill, vahustades.

c) Aseta india pähklid kuumakindla kausi põhja ja kalla peale kuum piimasegu. Lase täielikult jahtuda.

d) Kui segu on jahtunud, viige see köögikombaini või kiirblenderisse ja töödelge ühtlaseks massiks, peatades, et vajadusel külgedelt maha kraapida.

e) Töötlemise lõpus piserdage guarkummi ja veenduge, et see oleks hästi segunenud.

f) Valage segu 1½- või 2-liitrise jäätisemasina kaussi ja töödelge vastavalt tootja juhistele. Hoia õhukindlas anumas sügavkülmas vähemalt 2 tundi enne võileibade kokkupanemist.

VÕILEIBADE VALMISTAMISEKS

g) Lase jäätisel veidi pehmeneda, et seda oleks kerge kühveldada. Aseta pooled küpsistest, põhjaga ülespoole, puhtale pinnale. Tõsta iga küpsise peale üks suur lusikas jäätist, umbes ⅓ tassi.

h) Kata jäätisele ülejäänud küpsised, nii et küpsisepõhjad puudutaksid jäätist.

i) Vajutage küpsiseid õrnalt alla, et need tasandada.

j) Mähi iga võileib kilesse või vahapaberisse ja pane enne söömist vähemalt 30 minutiks tagasi sügavkülma.

57. Suvikõrvitsa vürtsivõileivad

KOOSTISOSAD:
- 2 tassi pleegitamata universaalset jahu
- ½ tl küpsetuspulbrit
- 1 tl jahvatatud kaneeli
- ¼ teelusikatäit soola
- ¾ tassi mittepiimamargariini, toatemperatuuril
- ¾ tassi pakitud tumepruuni suhkrut
- ½ tassi aurutatud roosuhkrut
- 2 tl vaniljeekstrakti
- 1 tass hakitud suvikõrvitsat
- ⅓ tassi hakitud kreeka pähkleid

JUHISED:
a) Kuumuta ahi temperatuurini 350 °F. Vooderda kaks ahjuplaati küpsetuspaberiga.
b) Sega väikeses kausis jahu, küpsetuspulber, kaneel ja sool. Vahusta suures kausis margariin, pruun suhkur, roosuhkur ja vanill.
c) Lisage kuivad koostisosad partiide kaupa märgadele koostisosadele ja segage ühtlaseks massiks, seejärel lisage suvikõrvits ja kreeka pähklid.
d) Kasutades küpsisetilgutit või supilusikatäit, tilgutage kuhjaga tainast valmistatud küpsetusplaadile umbes 2 tolli kaugusel. Vajutage iga küpsist kergelt alla.
e) Küpseta 9–11 minutit või kuni servad on kergelt kuldsed. Võta ahjust välja ja lase pannil 5 minutit jahtuda, seejärel tõsta restile. Lase küpsistel täielikult jahtuda.
f) Hoida õhukindlas anumas.

58.Mehhiko šokolaadijäätisega võileivad

KOOSTISOSAD:
- 1 ½ tassi universaalset jahu
- ½ tassi magustamata kakaopulbrit
- 1 tl jahvatatud kaneeli
- ½ tl Cayenne'i pipart
- ½ tl söögisoodat
- ¼ teelusikatäit soola
- ½ tassi soolamata võid, pehmendatud
- ½ tassi granuleeritud suhkrut
- ½ tassi pakitud pruuni suhkrut
- 1 suur muna
- 1 tl vaniljeekstrakti
- 1-pinti šokolaadi- või kaneelijäätist
- Kaunistuseks tšillipulber

JUHISED:
a) Kuumuta ahi temperatuurini 375 °F (190 °C) ja vooderda küpsetusplaat küpsetuspaberiga.
b) Vahusta kausis jahu, kakaopulber, jahvatatud kaneel, Cayenne'i pipar, söögisooda ja sool.
c) Vahusta eraldi segamisnõus pehme või, granuleeritud suhkur ja pruun suhkur heledaks ja kohevaks vahuks. Lisa muna ja vaniljeekstrakt ning sega ühtlaseks seguks.
d) Lisa vähehaaval võisegule kuivained ja sega ühtlaseks massiks.
e) Tõsta ümarad supilusikatäied tainast ettevalmistatud küpsetusplaadile, asetades need üksteisest umbes 2 tolli kaugusele. Tasandage iga taignapall peopesaga veidi.
f) Küpseta 10-12 minutit või kuni servad on küpsenud. Lase küpsistel täielikult jahtuda.
g) Võtke kulbitäis šokolaadi- või kaneelijäätist ja asetage see kahe küpsise vahele. Piserdage peale tšillipulbrit, et saada lisalöögi.
h) Asetage jäätisevõileivad enne serveerimist vähemalt 1 tunniks sügavkülma tahenema.

59.Vürtsikad Mango Habanero jäätisevõileivad

KOOSTISOSAD:
- 1 ½ tassi universaalset jahu
- ½ tl söögisoodat
- ¼ teelusikatäit soola
- ½ tassi soolamata võid, pehmendatud
- ½ tassi granuleeritud suhkrut
- ½ tassi pakitud pruuni suhkrut
- 1 suur muna
- 1 tl vaniljeekstrakti
- 1 küps mango, kooritud ja kuubikuteks lõigatud
- 1 habanero pipar, seemnetest puhastatud ja hakitud
- 1-pint mango- või vaniljejäätist

JUHISED:
a) Kuumuta ahi temperatuurini 375 °F (190 °C) ja vooderda küpsetusplaat küpsetuspaberiga.
b) Vahusta kausis jahu, sooda ja sool.
c) Vahusta eraldi segamisnõus pehme või, granuleeritud suhkur ja pruun suhkur heledaks ja kohevaks vahuks. Lisa muna ja vaniljeekstrakt ning sega ühtlaseks seguks.
d) Lisa vähehaaval võisegule kuivained ja sega ühtlaseks massiks. Sega juurde tükeldatud mango ja hakitud habanero pipar.
e) Tõsta ümarad supilusikatäied tainast ettevalmistatud küpsetusplaadile, asetades need üksteisest umbes 2 tolli kaugusele. Tasandage iga taignapall peopesaga veidi.
f) Küpseta 10-12 minutit või kuni servad on kuldpruunid. Lase küpsistel täielikult jahtuda.
g) Võtke kulbitäis mango- või vanillijäätist ja asetage see kahe küpsise vahele.
h) Asetage jäätisevõileivad enne serveerimist vähemalt 1 tunniks sügavkülma tahenema.

60.Chipotle šokolaadijäätis Võileivad

KOOSTISOSAD:
- 1 ½ tassi universaalset jahu
- ½ tassi magustamata kakaopulbrit
- 1 tl küpsetuspulbrit
- ¼ teelusikatäit soola
- ½ tl jahvatatud chipotle pipart
- ½ tassi soolamata võid, pehmendatud
- 1 tass granuleeritud suhkrut
- 2 suurt muna
- 1 tl vaniljeekstrakti
- 1-pint šokolaadi- või vaniljejäätist
- Kaunistuseks purustatud punase pipra helbed

JUHISED:
a) Kuumuta ahi temperatuurini 350 °F (175 °C) ja vooderda küpsetusplaat küpsetuspaberiga.
b) Vahusta kausis jahu, kakaopulber, küpsetuspulber, sool ja jahvatatud chipotle-pipar.
c) Vahusta eraldi segamisnõus pehme või ja granuleeritud suhkur heledaks ja kohevaks vahuks. Lisa ükshaaval munad, pärast iga lisamist korralikult vahustades. Sega juurde vanilliekstrakt.
d) Lisa vähehaaval võisegule kuivained ja sega ühtlaseks massiks.
e) Tõsta ümarad supilusikatäied tainast ettevalmistatud küpsetusplaadile, asetades need üksteisest umbes 2 tolli kaugusele. Tasandage iga taignapall peopesaga veidi.
f) Küpseta 10-12 minutit või kuni servad on küpsenud. Lase küpsistel täielikult jahtuda.
g) Võtke kulbitäis šokolaadi- või vanillijäätist ja asetage see kahe küpsise vahele. Puista peale purustatud punase pipra helbed vürtsikaks puudutuseks.
h) Asetage jäätisevõileivad enne serveerimist vähemalt 1 tunniks sügavkülma tahenema.

61.Jalapeno laimi jäätisevõileivad

KOOSTISOSAD:

- 1 ½ tassi universaalset jahu
- ½ tl söögisoodat
- ¼ teelusikatäit soola
- ½ tassi soolamata võid, pehmendatud
- ½ tassi granuleeritud suhkrut
- ½ tassi pakitud pruuni suhkrut
- 1 suur muna
- 1 tl vaniljeekstrakti
- 1 laimi koor ja mahl
- 2 jalapeno paprikat, seemnetest puhastatud ja hakitud
- 1-pint laimi- või vaniljejäätist

JUHISED:

a) Kuumuta ahi temperatuurini 375 °F (190 °C) ja vooderda küpsetusplaat küpsetuspaberiga.

b) Vahusta kausis jahu, sooda ja sool.

c) Vahusta eraldi segamisnõus pehme või, granuleeritud suhkur ja pruun suhkur heledaks ja kohevaks vahuks. Lisa muna ja vaniljeekstrakt ning sega ühtlaseks seguks.

d) Lisa vähehaaval võisegule kuivained ja sega ühtlaseks massiks. Sega juurde laimikoor, laimimahl ja hakitud jalapeno paprika.

e) Tõsta ümarad supilusikatäied tainast ettevalmistatud küpsetusplaadile, asetades need üksteisest umbes 2 tolli kaugusele. Tasandage iga taignapall peopesaga veidi.

f) Küpseta 10-12 minutit või kuni servad on kuldpruunid. Lase küpsistel täielikult jahtuda.

g) Võtke kulbitäis laimi- või vanillijäätist ja asetage see kahe küpsise vahele.

h) Asetage jäätisevõileivad enne serveerimist vähemalt 1 tunniks sügavkülma tahenema.

62.Vürtsikad karamellijäätisega võileivad

KOOSTISOSAD:
- 1 ½ tassi universaalset jahu
- ½ tl söögisoodat
- ¼ teelusikatäit soola
- ½ tassi soolamata võid, pehmendatud
- ½ tassi granuleeritud suhkrut
- ½ tassi pakitud pruuni suhkrut
- 1 suur muna
- 1 tl vaniljeekstrakti
- ½ tl Cayenne'i pipart
- ½ tassi hakitud pekanipähklit
- 1-pooline karamelli- või vaniljejäätis

JUHISED:
a) Kuumuta ahi temperatuurini 375 °F (190 °C) ja vooderda küpsetusplaat küpsetuspaberiga.
b) Vahusta kausis jahu, sooda ja sool.
c) Vahusta eraldi segamisnõus pehme või, granuleeritud suhkur ja pruun suhkur heledaks ja kohevaks vahuks. Lisa muna ja vaniljeekstrakt ning sega ühtlaseks seguks.
d) Lisa vähehaaval võisegule kuivained ja sega ühtlaseks massiks. Sega juurde cayenne'i pipar ja hakitud pekanipähklid.
e) Tõsta ümarad supilusikatäied tainast ettevalmistatud küpsetusplaadile, asetades need üksteisest umbes 2 tolli kaugusele. Tasandage iga taignapall peopesaga veidi.
f) Küpseta 10-12 minutit või kuni servad on kuldpruunid. Lase küpsistel täielikult jahtuda.
g) Võtke kulbitäis karamelli- või vanillijäätist ja asetage see kahe küpsise vahele.
h) Asetage jäätisevõileivad enne serveerimist vähemalt 1 tunniks sügavkülma tahenema.

63. Chocolate Chipotle Ice Cream Sandwich

KOOSTISOSAD:
12 šokolaadiküpsist
2 tassi Mehhiko šokolaadijäätist
1 tl jahvatatud chipotle pipart

JUHISED:
Võtke 6 šokolaadiküpsist ja asetage need tagurpidi küpsetusplaadile. Puista igale küpsisele näputäis jahvatatud chipotle pipart. Küpsetage igale küpsisele Mehhiko šokolaadijäätist. Aseta iga jäätiselussi peale veel üks šokolaadiküpsis ja vajuta õrnalt, et tekiks võileib.
Pane jäätisevõileivad enne serveerimist vähemalt 2 tunniks sügavkülma.

64. Vürtsikas kaneeli Cayenne'i jäätisevõileib

KOOSTISOSAD:
12 snickerdoodle küpsist
2 tassi kaneeli-cayenne'i jäätist
Jahvatatud kaneel
Jahvatatud Cayenne'i pipar

JUHISED:
Võtke 6 snickerdoodle küpsist ja asetage need tagurpidi küpsetusplaadile.
Puista igale küpsisele näputäis jahvatatud kaneeli ja cayenne'i pipart.
Küpsetage igale küpsisele kaneeli-cayenne'i jäätist.
Asetage teine snickerdoodle küpsis iga jäätiselussi peale ja vajutage õrnalt võileiva valmistamiseks.
Pane jäätisevõileivad enne serveerimist vähemalt 2 tunniks sügavkülma.

65. Vürtsikas šokolaadi-tšillijäätisevõileib

KOOSTISOSAD:
12 šokolaadiküpsist
2 tassi šokolaadi-tšillijäätist
1 tl tšillipulbrit

JUHISED:
Võtke 6 šokolaadiküpsist ja asetage need tagurpidi küpsetusplaadile. Puista igale küpsisele näpuotsaga tšillipulbrit. Tõsta igale küpsisele šokolaadi-tšillijäätist. Aseta iga jäätiselussi peale veel üks šokolaadiküpsis ja vajuta õrnalt võileiva saamiseks.
Pane jäätisevõileivad enne serveerimist vähemalt 2 tunniks sügavkülma.

66. Maapähklivõi Sriracha jäätisevõileib

KOOSTISOSAD:
12 maapähklivõi küpsist
2 tassi sriracha maapähklivõi jäätist
1 supilusikatäis sriracha kaste (valikuline)

JUHISED:
Võtke 6 maapähklivõiküpsist ja asetage need tagurpidi küpsetusplaadile.
igale küpsisele õhuke kiht sriracha kastet (soovi korral).
Tõsta igale küpsisele sriracha maapähklivõi jäätist.
Aseta iga jäätiselussi peale veel üks maapähklivõiküpsis ja vajuta õrnalt, et tekiks võileib.
Pane jäätisevõileivad enne serveerimist vähemalt 2 tunniks sügavkülma.

67. Vürtsikas kookoskarri jäätisevõileib

KOOSTISOSAD:
12 kookoseküpsist
2 tassi kookoskarri jäätist
1 tl karripulbrit

JUHISED:
Võtke 6 kookoseküpsist ja asetage need tagurpidi küpsetusplaadile.
Puista igale küpsisele näpuotsatäis karripulbrit.
Tõsta igale küpsisele kookoskarri jäätist.
Aseta iga jäätiselussi peale teine kookoseküpsis ja vajuta õrnalt võileiva saamiseks.
Pane jäätisevõileivad enne serveerimist vähemalt 2 tunniks sügavkülma.

68. Vürtsikas ingveri-kurkumijäätis võileib

KOOSTISOSAD:
12 ingveri küpsist
2 tassi kurkumi ingveri jäätist
1 tl jahvatatud kurkumit

JUHISED:
Võtke 6 ingveriküpsist ja asetage need tagurpidi küpsetusplaadile.
Puista igale küpsisele näputäis jahvatatud kurkumit.
Valage igale küpsisele kurkumi-ingverijäätist.
Aseta iga jäätiselussi peale veel üks ingveriküpsis ja vajuta õrnalt võileiva saamiseks.
Pane jäätisevõileivad enne serveerimist vähemalt 2 tunniks sügavkülma.

69. Vürtsikas ananassi Jalapeno jäätisevõileib

KOOSTISOSAD:
12 vaniljeküpsist
2 tassi ananassi jalapeno jäätist
Värsked ananassi tükid
Viilutatud jalapeno (mahedama vürtsi saamiseks eemalda seemned)

JUHISED:
Võtke 6 vaniljeküpsist ja asetage need tagurpidi küpsetusplaadile.
Tõsta igale küpsisele ananassi jalapeno jäätist.
Lisa jäätisele värsked ananassitükid ja viilutatud jalapeno.
Aseta iga jäätiselussi peale veel üks vaniljeküpsis ja vajuta õrnalt, et tekiks võileib.
Pane jäätisevõileivad enne serveerimist vähemalt 2 tunniks sügavkülma.

70. Vürtsikas vaarikatükkidega jäätisevõileib

KOOSTISOSAD:
12 šokolaadiküpsist
2 tassi vaarikajäätist
Värsked vaarikad
1/2 tl purustatud punase pipra helbeid

JUHISED:
Võtke 6 šokolaadiküpsist ja asetage need tagurpidi küpsetusplaadile.
Puista igale küpsisele näputäis purustatud punase pipra helbeid.
Tõsta igale küpsisele vaarikajäätist.
Lisa jäätise peale värsked vaarikad.
Aseta iga jäätiselussi peale veel üks šokolaadiküpsis ja vajuta õrnalt võileiva saamiseks.
Pane jäätisevõileivad enne serveerimist vähemalt 2 tunniks sügavkülma.

71. Vürtsikas kirsišokolaadijäätisevõileib

KOOSTISOSAD:
12 kirsi šokolaadiküpsist
2 tassi vürtsikat kirsijäätist
Värsked kirsid, kivideta ja poolitatud

JUHISED:
Võtke 6 kirsišokolaadiküpsist ja asetage need tagurpidi küpsetusplaadile.
Tõsta igale küpsisele vürtsikat kirsijäätist.
Lisa jäätise peale värsked kirsipoolikud.
Asetage iga jäätiselussi peale veel üks kirsišokolaadiküpsis ja vajutage õrnalt võileiva saamiseks.
Pane jäätisevõileivad enne serveerimist vähemalt 2 tunniks sügavkülma.

TEEPÕHISED PAARID

72.Chai pähkli jäätise võileib

KOOSTISOSAD:
- 2 tassi soja- või kanepipiima (täisrasvane)
- ¾ tassi aurutatud roosuhkrut
- ¼ tl jahvatatud kaneeli
- ¼ tl jahvatatud ingverit
- 1 tl vaniljeekstrakti
- 1½ tassi tooreid india pähkleid
- 4 chai tee kotti
- 1/16 tl guarkummi

JUHISED:
a) Sega suures kastrulis piim ja suhkur. Kuumuta segu keskmisel kuumusel sageli vispeldades keemiseni.
b) Kui see jõuab keemiseni, alandage kuumust keskmiselt madalale ja vahustage pidevalt, kuni suhkur on lahustunud , umbes 5 minutit.
c) Tõsta tulelt, lisa kaneel, ingver ja vanill ning vahusta ühtlaseks.
d) Aseta india pähklid ja chai teekotid kuumakindla kausi põhja ning kalla peale kuum piimasegu. Lase täielikult jahtuda. Pärast jahtumist pigistage teekotid välja ja visake need ära.
e) Tõsta segu köögikombaini või kiirblenderisse ja töötle ühtlaseks, peatades, et vajadusel külgi maha kraapida.
f) Töötlemise lõpus piserdage guarkummi ja veenduge, et see oleks hästi segunenud.
g) Valage segu 1½- või 2-liitrise jäätisemasina kaussi ja töödelge vastavalt tootja juhistele. Hoia õhukindlas anumas sügavkülmas vähemalt 2 tundi enne võileibade kokkupanemist.
Võileibade valmistamiseks
h) Lase jäätisel veidi pehmeneda, et seda oleks kerge kühveldada. Aseta pooled küpsistest, põhjaga ülespoole, puhtale pinnale. Tõsta iga küpsise peale üks suur lusikas jäätist, umbes ⅓ tassi.
i) Kata jäätisele ülejäänud küpsised, nii et küpsisepõhjad puudutaksid jäätist. Vajutage küpsiseid õrnalt alla, et need tasandada.
j) Mähi iga võileib kilesse või vahapaberisse ja pane enne söömist vähemalt 30 minutiks tagasi sügavkülma.

73.Earl Grey lavendli jäätisevõileivad

KOOSTISOSAD:
- 1 ½ tassi universaalset jahu
- ½ tl söögisoodat
- ¼ teelusikatäit soola
- ½ tassi soolamata võid, pehmendatud
- ½ tassi granuleeritud suhkrut
- ½ tassi pakitud pruuni suhkrut
- 1 suur muna
- 1 tl vaniljeekstrakti
- 2 spl Earl Grey teelehti
- 1 spl kuivatatud lavendliõisi
- 1-pint Earl Grey või vaniljejäätist

JUHISED:
a) Kuumuta ahi temperatuurini 375 °F (190 °C) ja vooderda küpsetusplaat küpsetuspaberiga.
b) Vahusta kausis jahu, sooda ja sool.
c) Vahusta eraldi segamisnõus pehme või, granuleeritud suhkur ja pruun suhkur heledaks ja kohevaks vahuks. Lisa muna ja vaniljeekstrakt ning sega ühtlaseks seguks.
d) Jahvata Earl Grey teelehed ja kuivatatud lavendliõied vürtsiveski või uhmri ja nuia abil peeneks pulbriks. Lisa võisegule tee ja lavendlipulber ning sega ühtlaseks jaotumiseks.
e) Lisa vähehaaval võisegule kuivained ja sega ühtlaseks massiks.
f) Tõsta ümarad supilusikatäied tainast ettevalmistatud küpsetusplaadile, asetades need üksteisest umbes 2 tolli kaugusele. Tasandage iga taignapall peopesaga veidi.
g) Küpseta 10-12 minutit või kuni servad on kuldpruunid. Lase küpsistel täielikult jahtuda.
h) Võtke lusikas Earl Grey või vaniljejäätist ja asetage see kahe küpsise vahele.
i) Asetage jäätisevõileivad enne serveerimist vähemalt 1 tunniks sügavkülma tahenema.

74.Matcha rohelise tee jäätisega võileivad

KOOSTISOSAD:
- 1 ½ tassi universaalset jahu
- 2 spl matcha rohelise tee pulbrit
- ½ tl söögisoodat
- ¼ teelusikatäit soola
- ½ tassi soolamata võid, pehmendatud
- ½ tassi granuleeritud suhkrut
- ½ tassi pakitud pruuni suhkrut
- 1 suur muna
- 1 tl vaniljeekstrakti
- 1-pint matcha rohelist teed või vaniljejäätist

JUHISED:
a) Kuumuta ahi temperatuurini 375 °F (190 °C) ja vooderda küpsetusplaat küpsetuspaberiga.
b) Sega kausis omavahel jahu, matcha rohelise tee pulber, söögisooda ja sool.
c) Vahusta eraldi segamisnõus pehme või, granuleeritud suhkur ja pruun suhkur heledaks ja kohevaks vahuks. Lisa muna ja vaniljeekstrakt ning sega ühtlaseks seguks.
d) Lisa vähehaaval võisegule kuivained ja sega ühtlaseks massiks.
e) Tõsta ümarad supilusikatäied tainast ettevalmistatud küpsetusplaadile, asetades need üksteisest umbes 2 tolli kaugusele. Tasandage iga taignapall peopesaga veidi.
f) Küpseta 10-12 minutit või kuni servad on küpsenud. Lase küpsistel täielikult jahtuda.
g) Võtke kulbitäis matcha rohelist teed või vaniljejäätist ja asetage see kahe küpsise vahele.
h) Asetage jäätisevõileivad enne serveerimist vähemalt 1 tunniks sügavkülma tahenema.

75.Chai vürtsijäätise võileivad

KOOSTISOSAD:
- 1 ½ tassi universaalset jahu
- ½ tl söögisoodat
- ¼ teelusikatäit soola
- 1 spl chai teelehti
- 1 tl jahvatatud kaneeli
- ½ tl jahvatatud ingverit
- ¼ tl jahvatatud kardemoni
- ¼ tl jahvatatud nelki
- ½ tassi soolamata võid, pehmendatud
- ½ tassi granuleeritud suhkrut
- ½ tassi pakitud pruuni suhkrut
- 1 suur muna
- 1 tl vaniljeekstrakti
- 1-pint chai vürtsi või vaniljejäätist

JUHISED:
a) Kuumuta ahi temperatuurini 375 °F (190 °C) ja vooderda küpsetusplaat küpsetuspaberiga.
b) Sega kausis jahu, söögisooda, sool, chai teelehed, jahvatatud kaneel, jahvatatud ingver, jahvatatud kardemon ja jahvatatud nelk.
c) Vahusta eraldi segamisnõus pehme või, granuleeritud suhkur ja pruun suhkur heledaks ja kohevaks vahuks. Lisa muna ja vaniljeekstrakt ning sega ühtlaseks seguks.
d) Lisa vähehaaval võisegule kuivained ja sega ühtlaseks massiks.
e) Tõsta ümarad supilusikatäied tainast ettevalmistatud küpsetusplaadile, asetades need üksteisest umbes 2 tolli kaugusele. Tasandage iga taignapall peopesaga veidi.
f) Küpseta 10-12 minutit või kuni servad on küpsenud. Lase küpsistel täielikult jahtuda.
g) Võtke kulbitäis chai vürtsi või vaniljejäätist ja asetage see kahe küpsise vahele.
h) Asetage jäätisevõileivad enne serveerimist vähemalt 1 tunniks sügavkülma tahenema.

76.Sidruni-ingveri jäätisevõileivad

KOOSTISOSAD:
- 1 ½ tassi universaalset jahu
- ½ tl söögisoodat
- ¼ teelusikatäit soola
- 1 sidruni koor
- 1 spl riivitud värsket ingverit
- ½ tassi soolamata võid, pehmendatud
- ½ tassi granuleeritud suhkrut
- ½ tassi pakitud pruuni suhkrut
- 1 suur muna
- 1 tl vaniljeekstrakti
- 1-pint sidruni- või ingverijäätist

JUHISED:
a) Kuumuta ahi temperatuurini 375 °F (190 °C) ja vooderda küpsetusplaat küpsetuspaberiga.
b) Vahusta kausis jahu, sooda, sool, sidrunikoor ja riivitud värske ingver.
c) Vahusta eraldi segamisnõus pehme või, granuleeritud suhkur ja pruun suhkur heledaks ja kohevaks vahuks. Lisa muna ja vaniljeekstrakt ning sega ühtlaseks seguks.
d) Lisa vähehaaval võisegule kuivained ja sega ühtlaseks massiks.
e) Tõsta ümarad supilusikatäied tainast ettevalmistatud küpsetusplaadile, asetades need üksteisest umbes 2 tolli kaugusele. Tasandage iga taignapall peopesaga veidi.
f) Küpseta 10-12 minutit või kuni servad on küpsenud. Lase küpsistel täielikult jahtuda.
g) Võtke lusikatäis sidruni- või ingverijäätist ja asetage see kahe küpsise vahele.
h) Asetage jäätisevõileivad enne serveerimist vähemalt 1 tunniks sügavkülma tahenema.

77.Jasmiini rohelise tee jäätisega võileivad

KOOSTISOSAD:
- 1 ½ tassi universaalset jahu
- ½ tl söögisoodat
- ¼ teelusikatäit soola
- 2 spl jasmiini rohelise tee lehti
- ½ tassi soolamata võid, pehmendatud
- ½ tassi granuleeritud suhkrut
- ½ tassi pakitud pruuni suhkrut
- 1 suur muna
- 1 tl vaniljeekstrakti
- 1-pint jasmiini rohelist teed või vaniljejäätist

JUHISED:
a) Kuumuta ahi temperatuurini 375 °F (190 °C) ja vooderda küpsetusplaat küpsetuspaberiga.
b) Sega kausis omavahel jahu, sooda, sool ja jasmiini rohelise tee lehed.
c) Vahusta eraldi segamisnõus pehme või, granuleeritud suhkur ja pruun suhkur heledaks ja kohevaks vahuks. Lisa muna ja vaniljeekstrakt ning sega ühtlaseks seguks.
d) Lisa vähehaaval võisegule kuivained ja sega ühtlaseks massiks.
e) Tõsta ümarad supilusikatäied tainast ettevalmistatud küpsetusplaadile, asetades need üksteisest umbes 2 tolli kaugusele. Tasandage iga taignapall peopesaga veidi.
f) Küpseta 10-12 minutit või kuni servad on küpsenud. Lase küpsistel täielikult jahtuda.
g) Võtke kulbitäis jasmiinirohelist teed või vaniljejäätist ja asetage see kahe küpsise vahele.
h) Asetage jäätisevõileivad enne serveerimist vähemalt 1 tunniks sügavkülma tahenema.

KOHVIPÕHISED PAARID

78.Coffee Zing võileivad

KOOSTISOSAD:
- 2 tassi pleegitamata universaalset jahu
- 1 tl söögisoodat
- ¼ teelusikatäit soola
- 1 tass mittepiimamargariini, toatemperatuuril
- ½ tassi pakitud pruuni suhkrut
- ½ tassi aurutatud roosuhkrut
- 2 tl lahustuvat kohvi
- 2 spl sooja piimavaba piima
- 1½ tl vaniljeekstrakti

JUHISED:
a) Kuumuta ahi temperatuurini 350 °F. Vooderda kaks ahjuplaati küpsetuspaberiga.
b) Sega väikeses kausis jahu, sooda ja sool. Vahusta suures kausis margariin, pruun suhkur ja roosuhkur.
c) Lahustage lahustuv kohv soojas piimas ja lisage koos vaniljega margariini segule. Lisa kuivad koostisosad märjale partiidena ühtlaseks massiks.
d) Kasutades küpsisetilgutit või supilusikatäit, tilgutage kuhjaga supilusikatäit tainast ettevalmistatud küpsetusplaatidele umbes 2 tolli kaugusel.
e) Küpseta 8–10 minutit või kuni servad on kergelt kuldsed. Võta ahjust välja ja lase pannil 5 minutit jahtuda, seejärel tõsta restile jahtuma. Lase küpsistel täielikult jahtuda.
f) Hoida õhukindlas anumas.

79.Mocha mandlijäätise võileivad

KOOSTISOSAD:
- 1 ½ tassi universaalset jahu
- ¼ tassi magustamata kakaopulbrit
- ½ tl söögisoodat
- ¼ teelusikatäit soola
- ½ tassi soolamata võid, pehmendatud
- ½ tassi granuleeritud suhkrut
- ½ tassi pakitud pruuni suhkrut
- 1 suur muna
- 1 tl vaniljeekstrakti
- 1 spl lahustuva kohvi graanuleid
- ½ tassi hakitud mandleid
- 1-pint mokka- või šokolaadijäätist

JUHISED:
a) Kuumuta ahi temperatuurini 375 °F (190 °C) ja vooderda küpsetusplaat küpsetuspaberiga.
b) Vahusta kausis jahu, kakaopulber, sooda ja sool.
c) Vahusta eraldi segamisnõus pehme või, granuleeritud suhkur ja pruun suhkur heledaks ja kohevaks vahuks. Lisa muna ja vaniljeekstrakt ning sega ühtlaseks seguks.
d) Lahustage lahustuva kohvi graanulid 1 sl kuumas vees. Lisa kohvisegu võisegule ja sega ühtlaseks segunemiseni.
e) Lisa vähehaaval võisegule kuivained ja sega ühtlaseks massiks. Sega hulka hakitud mandlid.
f) Tõsta ümarad supilusikatäied tainast ettevalmistatud küpsetusplaadile, asetades need üksteisest umbes 2 tolli kaugusele. Tasandage iga taignapall peopesaga veidi.
g) Küpseta 10-12 minutit või kuni servad on küpsenud. Lase küpsistel täielikult jahtuda.
h) Võtke kulbitäis moka- või šokolaadijäätist ja asetage see kahe küpsise vahele.
i) Asetage jäätisevõileivad enne serveerimist vähemalt 1 tunniks sügavkülma tahenema.

80.Karamelli Macchiato jäätisevõileivad

KOOSTISOSAD:
- 1 ½ tassi universaalset jahu
- ½ tl söögisoodat
- ¼ teelusikatäit soola
- ½ tassi soolamata võid, pehmendatud
- ½ tassi granuleeritud suhkrut
- ½ tassi pakitud pruuni suhkrut
- 1 suur muna
- 1 tl vaniljeekstrakti
- 2 spl lahustuva kohvi graanuleid
- ½ tassi karamellkastet
- 1-pint kohvi või karamellijäätist

JUHISED:
a) Kuumuta ahi temperatuurini 375 °F (190 °C) ja vooderda küpsetusplaat küpsetuspaberiga.
b) Vahusta kausis jahu, sooda ja sool.
c) Vahusta eraldi segamisnõus pehme või, granuleeritud suhkur ja pruun suhkur heledaks ja kohevaks vahuks. Lisa muna ja vaniljeekstrakt ning sega ühtlaseks seguks.
d) Lahustage lahustuva kohvi graanulid 2 spl kuumas vees. Lisa kohvisegu võisegule ja sega ühtlaseks segunemiseni.
e) Lisa vähehaaval võisegule kuivained ja sega ühtlaseks massiks.
f) Tõsta ümarad supilusikatäied tainast ettevalmistatud küpsetusplaadile, asetades need üksteisest umbes 2 tolli kaugusele. Tasandage iga taignapall peopesaga veidi.
g) Küpseta 10-12 minutit või kuni servad on küpsenud. Lase küpsistel täielikult jahtuda.
h) Võta kulbitäis kohvi või karamellijäätist ja nirista peale karamellkastet. Aseta kahe küpsise vahele.
i) Asetage jäätisevõileivad enne serveerimist vähemalt 1 tunniks sügavkülma tahenema.

81. Sarapuupähkli Affogato jäätisevõileivad

KOOSTISOSAD:
- 1 ½ tassi universaalset jahu
- ½ tl söögisoodat
- ¼ teelusikatäit soola
- ½ tassi soolamata võid, pehmendatud
- ½ tassi granuleeritud suhkrut
- ½ tassi pakitud pruuni suhkrut
- 1 suur muna
- 1 tl vaniljeekstrakti
- ½ tassi hakitud sarapuupähkleid
- 1-pint sarapuupähkli- või vanillijäätist
- 1 tass kuumalt keedetud espressot või kanget kohvi

JUHISED:
a) Kuumuta ahi temperatuurini 375 °F (190 °C) ja vooderda küpsetusplaat küpsetuspaberiga.
b) Vahusta kausis jahu, sooda ja sool.
c) Vahusta eraldi segamisnõus pehme või, granuleeritud suhkur ja pruun suhkur heledaks ja kohevaks vahuks. Lisa muna ja vaniljeekstrakt ning sega ühtlaseks seguks.
d) Lisa vähehaaval võisegule kuivained ja sega ühtlaseks massiks. Sega juurde hakitud sarapuupähklid.
e) Tõsta ümarad supilusikatäied tainast ettevalmistatud küpsetusplaadile, asetades need üksteisest umbes 2 tolli kaugusele. Tasandage iga taignapall peopesaga veidi.
f) Küpseta 10-12 minutit või kuni servad on küpsenud. Lase küpsistel täielikult jahtuda.
g) Võtke kulbitäis sarapuupähkli- või vanillijäätist ja asetage see kahe küpsise vahele.
h) Affogato efekti tekitamiseks vala jäätisevõileivale vahetult enne serveerimist kuum keedetud espresso või kange kohv.
i) Asetage jäätisevõileivad enne serveerimist vähemalt 1 tunniks sügavkülma tahenema.

82. Espresso Brownie ja kohvijäätise võileib

KOOSTISOSAD:
- 12 espresso brownie ruutu
- 2 tassi kohvijäätist

JUHISED:
a) Võtke 6 espresso brownie ruutu ja asetage need tagurpidi küpsetusplaadile.
b) Aseta igale pruunika ruudule kulbitäis kohvijäätist.
c) Asetage iga jäätiselussi peale veel üks espresso brownie ruut ja vajutage õrnalt, et luua võileib.
d) Pane jäätisevõileivad enne serveerimist vähemalt 2 tunniks sügavkülma.

83. Kohvikook ja Mocha Mandli Fudge jäätisevõileib

KOOSTISOSAD:
- 12 kohvikoogi viilu
- 2 tassi mokka mandli fudge jäätist

JUHISED:
a) Võtke 6 kohvikoogi viilu ja asetage need tagurpidi ahjuplaadile.
b) igale koogilõigule kulbitäis mokamandli-fudge jäätist .
c) Aseta iga jäätiselussi peale veel üks kohvikoogi viil ja vajuta õrnalt, et tekiks võileib.
d) Pane jäätisevõileivad enne serveerimist vähemalt 2 tunniks sügavkülma.

TOOGI PÕHISED PAARID

84.Cake Batter Sojajäätise võileib

KOOSTISOSAD:
- ¾ tassi aurutatud roosuhkrut
- 2 tl noolejuurtärklist
- 2-½ tassi soja- või kanepipiima (täisrasvane)
- 1¼ teelusikatäit võiekstrakti (uskuge või mitte , see on vegan!)
- 1 tl vaniljeekstrakti
- ¼ teelusikatäit vahtraekstrakti

JUHISED:
a) Sega suures potis suhkur ja noolejuurtärklis ning vahusta, kuni tärklis on suhkruga segunenud.
b) Vala juurde piim, vahustades. Kuumuta segu keskmisel kuumusel sageli vispeldades keemiseni.
c) Kui segu jõuab keemiseni, alandage kuumust keskmiselt madalale ja vahustage pidevalt, kuni segu pakseneb ja katab lusika tagaosa, umbes 5 minutit. Tõsta tulelt, lisa või, vanilli- ja vahtraekstraktid ning vahusta ühtlaseks.
d) Tõsta segu kuumakindlasse kaussi ja lase täielikult jahtuda.
e) Valage segu 1½- või 2-liitrise jäätisemasina kaussi ja töödelge vastavalt tootja juhistele.
f) Hoia õhukindlas anumas sügavkülmas vähemalt tund enne võileibade kokkupanemist.

VÕILEIBADE VALMISTAMISEKS
g) Laota ülejäänud puistad väikesele taldrikule. Lase jäätisel veidi pehmeneda, et seda oleks kerge kühveldada. Aseta pooled küpsistest, põhjaga ülespoole, puhtale pinnale. Tõsta iga küpsise peale üks suur lusikas jäätist, umbes ⅓ tassi.
h) Kata jäätisele ülejäänud küpsised, nii et küpsisepõhjad puudutaksid jäätist. Vajutage küpsiseid õrnalt alla, et need tasandada.
i) Rulli jäätisevõileibade servad puistates, kattes jäätise küljed. Mähi iga võileib kilesse või vahapaberisse ja pane enne söömist vähemalt 30 minutiks tagasi sügavkülma.

85.Red Velvet juustukoogi jäätisevõileivad

KOOSTISOSAD:
- 1 karp punase sametise koogi segu
- ½ tassi soolata võid, sulatatud
- 2 suurt muna
- 1-pinti toorjuustujäätis

JUHISED:
a) Kuumuta ahi temperatuurini 350 °F (175 °C) ja vooderda küpsetusvorm küpsetuspaberiga.
b) Segage segamiskausis punase sametkoogi segu, sulatatud või ja munad, kuni need on hästi segunenud.
c) Jaotage tainas ühtlaselt ettevalmistatud ahjuvormi ja küpsetage 15-20 minutit või kuni keskele torgatud hambaork tuleb puhtana välja. Lase koogil täielikult jahtuda.
d) Lõika kook ruutudeks või ristkülikuteks, olenevalt jäätisevõileibade soovitud suurusest.
e) Võtke kulbitäis toorjuustujäätist ja asetage see kahe koogitüki vahele.
f) Asetage jäätisevõileivad enne serveerimist vähemalt 1 tunniks sügavkülma tahenema.

86.Šokolaadi-maapähklivõitassi jäätisevõileivad

KOOSTISOSAD:
- 1 karp šokolaadikoogi segu
- ½ tassi soolata võid, sulatatud
- 2 suurt muna
- 1-poolne maapähklivõi tass jäätist

JUHISED:

a) Kuumuta ahi temperatuurini 350 °F (175 °C) ja vooderda küpsetusvorm küpsetuspaberiga.

b) Segage segamiskausis šokolaadikoogi segu, sulatatud või ja munad, kuni see on hästi segunenud.

c) Jaotage tainas ühtlaselt ettevalmistatud ahjuvormi ja küpsetage 15-20 minutit või kuni keskele torgatud hambaork tuleb puhtana välja. Lase koogil täielikult jahtuda.

d) Lõika kook ruutudeks või ristkülikuteks, olenevalt jäätisevõileibade soovitud suurusest.

e) Võtke kulbitäis maapähklivõi tassijäätist ja asetage see kahe koogitüki vahele.

f) Asetage jäätisevõileivad enne serveerimist vähemalt 1 tunniks sügavkülma tahenema.

87.Sidruni vaarika nael koogi jäätise võileivad

KOOSTISOSAD:
- 1 poest ostetud või isetehtud naelakook
- 1-pint sidrunisorbett või vaarikasorbett
- Värsked vaarikad (valikuline)

JUHISED:
a) Viiluta naelakook õhukesteks viiludeks.
b) Võtke kulbitäis sidrunisorbetti või vaarikasorbetti ja määrige see ühele naelakoogi viilule.
c) Võileiva loomiseks pange see peale veel üks naelakoogi viil.
d) Valikuline: kaunista võileiva servad värskete vaarikatega.
e) Täiendavate jäätisevõileibade valmistamiseks korrake seda protsessi.
f) Asetage jäätisevõileivad enne serveerimist vähemalt 1 tunniks sügavkülma tahenema.

88.Porgandikook toorjuustujäätis võileivad

KOOSTISOSAD:
- 1 poest ostetud või isetehtud porgandikook
- 1-pinti toorjuustujäätis
- Hakitud kreeka pähklid (valikuline)

JUHISED:
a) Viiluta porgandikook õhukesteks viiludeks.
b) Võtke kulbitäis toorjuustujäätist ja määrige see ühele porgandikoogi viilule.
c) Võileiva valmistamiseks pange see peale veel üks porgandikoogi viil.
d) Valikuline: veeretage võileiva servad hakitud kreeka pähklites, et lisada krõmpsu.
e) Täiendavate jäätisevõileibade valmistamiseks korrake seda protsessi.
f) Asetage jäätisevõileivad enne serveerimist vähemalt 1 tunniks sügavkülma tahenema

89.Banaanilõigatud jäätisevõileivad

KOOSTISOSAD:
- 1 karp kollase koogi segu
- ½ tassi soolata võid, sulatatud
- 2 suurt muna
- 1-liitrine banaanijäätis
- Šokolaadikaste
- Tükeldatud maasikad
- Tükeldatud ananass
- Hakitud pähklid (valikuline)
- Vahukoor

JUHISED:
a) Kuumuta ahi temperatuurini 350 °F (175 °C) ja vooderda küpsetusvorm küpsetuspaberiga.
b) Segage segamisnõus kollase koogi segu, sulatatud või ja munad, kuni see on hästi segunenud.
c) Jaotage tainas ühtlaselt ettevalmistatud ahjuvormi ja küpsetage 15-20 minutit või kuni keskele torgatud hambaork tuleb puhtana välja. Lase koogil täielikult jahtuda.
d) Lõika kook ruutudeks või ristkülikuteks, olenevalt jäätisevõileibade soovitud suurusest.
e) Võtke kulbitäis banaanijäätist ja määrige see ühele koogitükile.
f) Nirista jäätisele šokolaadikastet, seejärel lisa hakitud maasikaid, ananassi ja soovi korral pähkleid.
g) Võileiva saamiseks pange peale teine koogitükk.
h) Täiendavate jäätisevõileibade valmistamiseks korrake seda protsessi.
i) Asetage jäätisevõileivad enne serveerimist vähemalt 1 tunniks sügavkülma tahenema.
j) Serveeri, lisades peale vahukoort ja soovi korral lisakatteid.

90. Šokolaadikook ja küpsised ning koorejäätise võileib

KOOSTISOSAD:

- 12 šokolaadikoogi viilu
- 2 tassi küpsiseid ja koorejäätist

JUHISED:

a) Võtke 6 šokolaadikoogi viilu ja asetage need tagurpidi ahjuplaadile.
b) Aseta igale koogilõigule kulbitäis küpsiseid ja koorejäätist.
c) Aseta iga jäätiselussi peale veel üks šokolaadikoogi viil ja vajuta õrnalt, et tekiks võileib.
d) Pane jäätisevõileivad enne serveerimist vähemalt 2 tunniks sügavkülma.

91. Vanilje rullbiskviidi ja maasika-juustukoogi jäätisevõileib

KOOSTISOSAD:
- 12 vanilje rullbiskviidi viilu
- 2 tassi maasika-juustukoogi jäätist

JUHISED:
a) Võtke 6 vaniljebiskviidi viilu ja asetage need tagurpidi ahjuplaadile.
b) Aseta igale koogilõigule kulbitäis maasika-juustukoogi jäätist.
c) Aseta iga jäätiselussi peale veel üks vaniljebiskviidi viil ja vajuta õrnalt võileiva moodustamiseks.
d) Pane jäätisevõileivad enne serveerimist vähemalt 2 tunniks sügavkülma.

92. Porgandikoogi ja kaneelijäätise võileib

KOOSTISOSAD:
- 12 porgandikoogi viilu
- 2 tassi kaneeli jäätist

JUHISED:
a) Võtke 6 porgandikoogi viilu ja asetage need tagurpidi ahjuplaadile.
b) Aseta igale koogilõigule kulbikas kaneelijäätist.
c) Aseta iga jäätiselussi peale veel üks porgandikoogi viil ja vajuta õrnalt, et tekiks võileib.
d) Pane jäätisevõileivad enne serveerimist vähemalt 2 tunniks sügavkülma.

BROWNIE-PÕHISED PAARID

93. Soolakaramelli Brownie jäätisevõileivad

KOOSTISOSAD:
- 1 karp brownie segu
- ½ tassi soolata võid, sulatatud
- 2 suurt muna
- 1-pinti soolakaramellijäätist

JUHISED:

a) Kuumuta ahi temperatuurini 350 °F (175 °C) ja vooderda küpsetusvorm küpsetuspaberiga.

b) Segage segamisnõus brownie segu, sulatatud või ja munad, kuni need on hästi segunenud.

c) Jaotage tainas ühtlaselt ettevalmistatud ahjuvormi ja küpsetage 20-25 minutit või kuni keskele torgatud hambaork väljub mõne niiske puruga. Lase browniel täielikult jahtuda.

d) Lõika brownie ruutudeks või ristkülikuteks, olenevalt jäätisevõileibade soovitud suurusest.

e) Võtke kulbitäis soolakaramellijäätist ja asetage see kahe brownie tüki vahele.

f) Asetage jäätisevõileivad enne serveerimist vähemalt 1 tunniks sügavkülma tahenema.

94. Küpsised ja koorega Brownie jäätisevõileivad

KOOSTISOSAD:
- 1 karp brownie segu
- ½ tassi soolata võid, sulatatud
- 2 suurt muna
- 1-pinti küpsised ja koorejäätis

JUHISED:

a) Kuumuta ahi temperatuurini 350 °F (175 °C) ja vooderda küpsetusvorm küpsetuspaberiga.

b) Segage segamisnõus brownie segu, sulatatud või ja munad, kuni need on hästi segunenud.

c) Jaotage tainas ühtlaselt ettevalmistatud ahjuvormi ja küpsetage 20-25 minutit või kuni keskele torgatud hambaork väljub mõne niiske puruga. Lase browniel täielikult jahtuda.

d) Lõika brownie ruutudeks või ristkülikuteks, olenevalt jäätisevõileibade soovitud suurusest.

e) Võta küpsised ja koorejäätis ning aseta see kahe brownie tüki vahele.

f) Asetage jäätisevõileivad enne serveerimist vähemalt 1 tunniks sügavkülma tahenema.

95.Raspberry Fudge Brownie jäätisevõileivad

KOOSTISOSAD:
- 1 karp brownie segu
- ½ tassi soolata võid, sulatatud
- 2 suurt muna
- 1-pint vaarika-fudge jäätis

JUHISED:

a) Kuumuta ahi temperatuurini 350 °F (175 °C) ja vooderda küpsetusvorm küpsetuspaberiga.

b) Segage segamisnõus brownie segu, sulatatud või ja munad, kuni need on hästi segunenud.

c) Jaotage tainas ühtlaselt ettevalmistatud ahjuvormi ja küpsetage 20-25 minutit või kuni keskele torgatud hambaork väljub mõne niiske puruga. Lase browniel täielikult jahtuda.

d) Lõika brownie ruutudeks või ristkülikuteks, olenevalt jäätisevõileibade soovitud suurusest.

e) Võtke kulbitäis vaarika-fudge jäätist ja asetage see kahe brownie tüki vahele.

f) Asetage jäätisevõileivad enne serveerimist vähemalt 1 tunniks sügavkülma tahenema.

96. Mint Brownie ja Chip Ice Cream Sandwich

KOOSTISOSAD:
- 12 piparmündi šokolaadibrownie ruutu
- 2 tassi piparmündi šokolaaditükkidega jäätist

JUHISED:
a) Võtke 6 piparmündi šokolaadiküpsise ruutu ja asetage need tagurpidi küpsetusplaadile.
b) Aseta igale brownie-ruudule kulbitäis piparmündi šokolaaditükkidega jäätist.
c) Asetage iga jäätiselussi peale veel üks piparmündišokolaadiküpsise ruut ja vajutage õrnalt võileiva valmistamiseks.
d) Pane jäätisevõileivad enne serveerimist vähemalt 2 tunniks sügavkülma.

97. Peanut Butter Swirl Brownie Ice Cream Sandwich

KOOSTISOSAD:
- 12 maapähklivõi keerutatud brownie ruutu
- 2 tassi maapähklivõi jäätist
- 1/4 tassi hakitud maapähkleid (valikuline)

JUHISED:
a) Võtke 6 maapähklivõi keerispruuni ruutu ja asetage need tagurpidi küpsetusplaadile.
b) Aseta igale pruunikale ruudule lusikas maapähklivõi jäätist.
c) Puista hakitud maapähkleid (soovi korral) jäätise peale.
d) Asetage iga jäätiselussi peale veel üks maapähklivõiga keerutatud brownie ruut ja vajutage õrnalt võileiva saamiseks.
e) Pane jäätisevõileivad enne serveerimist vähemalt 2 tunniks sügavkülma.

98. Raspberry Fudge Brownie ja Swirl Ice Cream Sandwich

KOOSTISOSAD:
- 12 vaarika fudge brownie ruutu
- 2 tassi vaarika keerisjäätist
- Värsked vaarikad (valikuline)

JUHISED:
a) Võtke 6 vaarika fudge brownie ruutu ja asetage need tagurpidi küpsetusplaadile.
b) Aseta igale pruunika ruudule kulbitäis vaarikajäätist.
c) Lisa jäätisele (soovi korral) peale värskeid vaarikaid.
d) Asetage iga jäätiselussi peale veel üks vaarika-fudge brownie ruut ja vajutage õrnalt võileiva saamiseks.
e) Pane jäätisevõileivad enne serveerimist vähemalt 2 tunniks sügavkülma.

99. S'mores Brownie ja Marshmallow Ice Cream Sandwich

KOOSTISOSAD:
- 12 s'more brownie ruutu
- 2 tassi vahukommi jäätist
- Purustatud graham kreekerid

JUHISED:
a) Võtke 6 s'mores brownie ruutu ja asetage need tagurpidi küpsetusplaadile.
b) Aseta igale pruunika ruudule kulbikas vahukommijäätist.
c) Puista purustatud Graham kreekerid jäätise peale.
d) Asetage iga jäätiselussi peale teine s'mores brownie ruut ja vajutage õrnalt võileiva saamiseks.
e) Pane jäätisevõileivad enne serveerimist vähemalt 2 tunniks sügavkülma.

100. Red Velvet Brownie ja toorjuustujäätise võileib

KOOSTISOSAD:
- 12 punast sametist brownie ruutu
- 2 tassi toorjuustujäätist
- Punase sametipuru (valikuline)

JUHISED:
a) Võtke 6 punast sametist brownie ruutu ja asetage need tagurpidi küpsetusplaadile.
b) Aseta igale brownie-ruudule kulbikas toorjuustujäätist.
c) Puista jäätise peale punast sametipuru (soovi korral).
d) Asetage iga jäätiselussi peale veel üks punane sametine brownie ruut ja vajutage õrnalt võileiva saamiseks.
e) Pane jäätisevõileivad enne serveerimist vähemalt 2 tunniks sügavkülma.

KOKKUVÕTE

Kui lõpetame oma teekonna läbi "Täidisega: võileivaküpsiseraamatu", loodame, et olete saanud inspiratsiooni avastama täidetud võileivaküpsiste maitsvat maailma ja vabastama oma loomingulisus köögis. Olenemata sellest, kas olete kogenud pagar või uus võileivaküpsiste maailm, leiate nendelt lehtedelt midagi, mida nautida.

Kui jätkate erinevate maitsete, täidiste ja kaunistustega katsetamist, toogu iga teie küpsetatud võileivaküpsiste partii teile rõõmu ja rahulolu. Ükskõik, kas jagate neid lähedastega, kingite neid või lihtsalt naudite neid koos klaasi piimaga, muutku iga küpsise magusad headuse kihid teie päeva säravaks ja looge püsivaid mälestusi.

Täname, et liitusite meiega sellel maitsval teekonnal läbi täidetud võileivaküpsiste maailma. Olgu teie köök täidetud värskelt küpsetatud küpsiste aroomiga, teie laud magusate hõrgutistega ja teie süda küpsetamisrõõmuga . Kohtumiseni, head küpsetamist ja head isu!

www.ingramcontent.com/pod-product-compliance
Lightning Source LLC
Chambersburg PA
CBHW071905110526
44591CB00011B/1558